加藤宣行の道徳授業

考え、議論する道徳に変える
指導の鉄則50

筑波大学附属小学校
加藤宣行 著

明治図書

はじめに

　縁あって，明治図書の web 連載（ＱＡ解説　「特別の教科　道徳」の授業づくり）を１年間担当させていただきました。１年経ち，終わりかと思いきや，担当の茅野さんから「もう１年続けませんか」とご提案いただき，書き続けるうちに，自ずと内容がまとまってきたように感じました。そのタイミングで，またまた茅野さんから「単行本にしませんか」との再提案。これまで書きためてきた連載原稿と，あと必要な補足をすれば，これからの「特別の教科　道徳」の授業スタイルを見通す提案書になるのではないかとの意を強くし，上梓させていただくことになりました。

　思えば，ペースが月１回の連載だったため，そのときどきで一番話題になっている題材を取り上げることができ，タイムリーな内容を盛り込みながら，必要と思われることを自由に書かせていただくことができたのではないかと思っています。結果として，「かゆいところに手が届く」内容になったのではないかと，密かに自負しております。

　本書の特徴は，

・現場が必要とされるであろう内容を50個選定し，一つ一つについてポイントを精選して，基本的に見開き２ページでまとめたこと。

・机上の空論とならないよう，なるべく具体を通して理論を語るようにしていること。

　等があげられます。

　それもこれも，私が道徳専科などという年間300時間前後の道徳授業をさせてもらえる立場にいること，そして自由に書かせてくださった茅野さん，明治図書さんのおかげだと思っています。

　私を取り巻くすべての人・もの・ことに感謝しつつ，一人でも多くの方々に手にとって読んでいただければと思っております。

加藤　宣行

はじめに

1章

「考え，議論する道徳」に変える
押さえておきたい基礎・基本

01 「特別の教科　道徳」で何が変わるのか …………………… 8
02 「考える」「議論する」道徳授業へ ……………………… 10
03 授業展開を変える ………………………………… 14
04 発問を変える ……………………………………… 18
05 板書が変わる，子どもが変わる ………………… 22

2章

「考え，議論する道徳」に変える
指導の鉄則50

01 教材を考える窓口にする …………………………… 26
02 導入―展開―終末の基本的な流れを押さえる ………… 28
03 １時間の時間設定を明確にする ………………… 30
04 導入で子どもたちの構えをつくる ……………… 32
05 導入と終末のまとめを連動させる ……………… 34
06 工夫のある導入で授業に引き込む ……………… 36
07 授業と学級経営をつなげる ……………………… 38
08 授業と保護者をつなげる ………………………… 40
09 教材選定の視点を明確にする …………………… 42

Contents

10	教材の多様な活用法を考える	44
11	教科書を活用する	46
12	「私たちの道徳」を活用する	48
13	自作教材を作成＆活用する	50
14	教材をどう読むかを考える	52
15	教材提示は分かりやすさと印象深さを意識する	54
16	教材提示の様々なバリエーションを使い分ける	56
17	基本発問をしっかりと構想する	58
18	国語と道徳の違いを意識した発問づくりをする	60
19	発問の種類や性質を理解して使い分ける	62
20	導入の発問では知的好奇心を揺さぶる	64
21	展開部分の発問ではじっくりと考えさせる	66
22	問い返しの発問で新しい視点を与える	68
23	閉じた発問を開かれた発問に変える	70
24	板書の役割を押さえる	72
25	構造的な板書で理解を助ける	74
26	従来の板書をチェンジする	76
27	子どもに黒板を開放する	78
28	教材内容や授業展開に応じて板書を使い分ける	80
29	道徳ノートを活用する	82
30	道徳ノートの様々な役割を整理する	84
31	最低限押さえるべきことを書かせる練習をする	86
32	道徳ノートには自分の思いと考えを書かせる	88
33	ワークシートと道徳ノートを使い分ける	90
34	全体での話し合いを授業の中心に据える	92

35	短時間で行えるペアでの話し合いを有効活用する	……………	94
36	グループでの話し合いで思考をアクティブにする	…………	96
37	「ぎもん」を大切に白熱教室をつくる	………………………	98
38	話し合いの方向性を考えて指導する	…………………………	100
39	心情を丁寧に追っていくスタイルを活用する	…………………	102
40	テーマ発問型のスタイルを活用する	………………………	104
41	体験を生かすスタイルを活用する	………………………………	106
42	問題解決的な学習を取り入れたスタイルを活用する	………	108
43	アクティブ・ラーニングを意識したスタイルで実践する	…	110
44	特別の教科　道徳の評価を整理する	………………………	112
45	道徳ノートで成長の姿を見取り，評価する	……………………	114
46	評価を授業改善に生かす	…………………………………………	116
47	多面的・多角的な考え方を促す工夫をする	…………………	118
48	低学年の道徳授業を変える		
	―「はしのうえのおおかみ」を例にして―	…………………	120
49	中学年の道徳授業を変える		
	―「ないた赤おに」を例にして―	…………………………	124
50	高学年の道徳授業を変える		
	―「手品師」を例にして―	………………………………	128

1章

「考え，議論する道徳」に変える
押さえておきたい
基礎・基本

01 「特別の教科　道徳」で何が変わるのか

　いよいよ道徳が教科化されます。

　当然のことながら，変わることと変わらなければならないこと，そして変えてはいけないことがあります。

　「特別」とか「教科」という言葉に踊らされて慌てる必要はありません。

1　変わること

①評価

　教科になるということは，毎時間の計画・実施・評価がこれまで以上にきちんと行われなければならないということです。特に評価については何らかの形で記述が必要になってくるでしょう。ただし，評定ではありませんから，何かしらの評価基準があって，それをクリアしているかどうかを判定するような数値評価ということにはなりません。

②教科書

　教科書を使うようになります。しかし，だからといって「教科書を教える」ということではなく，「教科書で教える」というスタンスが大切です。子どもたちの真の学びのために，教科書以外にも様々な教材開発・活用をしていく必要があります。

2　変わらなければならないこと

　授業改善が急務です。「分かりきったことを言ったり書かせたりする時間にならないように」という趣旨の課題提起が中央教育審議会や文部科学省から出されましたが，その意図をしっかりと考える必要があります。

週1時間の授業が「こうなってしまうとあとで困りますね。そうならないように気をつけましょう」という，禁止事項の再確認になってしまい，それを毎時間評価されるようなことになっては，子どもたちのみならず教師もがんじがらめになってしまいます。「分かっているつもりだったものを改めて見つめ直し，自分自身のよりよい生き方に照らし合わせて再構築していく時間」にしていきたいものです。

3　変えてはいけないこと

　教科になっても，日常の生活体験と深く関わり合いを意識しながら，教育活動全体を通して学んでいくことは変わりません。単なる技術の習得とか，知識の獲得が目的ではないのです。人としてよりよく生きるという，ある意味，教育全体の最終ゴールを担う重要な教科です。だから「特別の教科」なのです。

　そのような学びは，一朝一夕に結果が出せるものでもありません。授業で思いやり・親切の学習をしたからといって，すぐに親切なことができる人になれるわけではありません。かといって，何もしないでもいいということでもありません。心の見えない部分を少しずつ耕し，いつか花開く日が来るのを焦らず，怠らずに待つことが大切です。

> 　道徳とは考えて，考えて，考えて答える特別な授業です。大好きな授業です。これからも怠らずに考えていきたいです。

　これは，4年生が道徳ノートに書いた言葉です。

「教材を読む道徳」から「深く考える道徳」へ。
子どもたちとともに，怠らず深く考えていきましょう！

1章　「考え，議論する道徳」に変える　押さえておきたい基礎・基本　9

02 「考える」「議論する」道徳授業へ

　小学校学習指導要領解説　特別の教科　道徳編には次のような表記があります。

> 　このことにより，「特定の価値観を押し付けたり，主体性をもたず言われるままに行動するよう指導したりすることは，道徳教育が目指す方向の対極にあるものと言わなければならない」，「多様な価値観の，時に対立がある場合を含めて，誠実にそれらの価値に向き合い，道徳としての問題を考え続ける姿勢こそ道徳教育で養うべき基本的資質である」との答申を踏まえ，発達の段階に応じ，答えが一つではない道徳的な課題を一人一人の児童が自分自身の問題と捉え，向き合う「考える道徳」，「議論する道徳」へと転換を図るものである。

　まずは「考える」「議論する」とはどういうことかを考えましょう。

1　考えるとはどういうことか

　子どもたちは様々なことを考えています。

「今日の給食は何だろう」

「宿題を忘れてしまった。どうやって先生に言おうか」

「今日の算数の問題は，ちょっと難しいぞ，どうやって考えたらいいだろうか」

「（授業中に）先生が聞いたことは，どういう風に考えたらいいだろうか」

「休み時間，外で鉄棒しようか教室でおしゃべりしようか，どっちにしようかな」

「先生はああ言ったけど，自分はここが引っかかる。みんなにもどう思うか聞いてみたい」

ある意味，これらすべてが思考活動です。しかし，お気づきかもしれませんが，同質のものではありません。

道徳で「考える」ということはどういうことでしょう。

これまで私たちは，子どもたちに「考えたつもり」にさせて満足してしまっていたことはないか，という反省に立ちましょう。例えば，「誰が出てきましたか」とか，「○○の気持ちになって話してみましょう」などという投げかけは，子どもたちに思考を促すというよりは，活動の指示を与えるに留まっているということではないでしょうか。

つまり，「誰が出てきましたか」は「誰が出てきたと書いてあるか，文章の中から探しなさい」という活動の指示に過ぎないのではないでしょうか。だとしたら，子どもたちは考えなくても，目で探し，線を引き，認識した名詞を口にするだけで事足りてしまいます。「○○の気持ちに……」というのも同じです。「○○の気持ち」になって何を言ってもよいのであれば，無責任な発言や，ふざけ半分照れ半分の仕草もOKになってしまいます。それでは本来考えたい道徳的な観点からの深い学びに到達したことにならないというのが，今回の改訂で「深く考える」というキーワードが出された趣旨だと私はとらえます。

2　議論するとはどういうことか

議論というのは，相手を丸め込んだり，論破したりすることを目的とするものではありません。ですから，何でもいいから話し合いが盛り上がればよしというのは論外ですし，いくら話し合っても結論が出ないテーマを掲げ，さんざん議論した挙げ句に，「いろいろな考え方がありますね」で終わってしまうのもどうなのかと思ってしまいます。もちろん，白黒はっきり片をつけるべきと言いたいわけではありません。むしろ，そんな簡単に白黒つけら

1章　「考え，議論する道徳」に変える　押さえておきたい基礎・基本　11

れることの方が，少ないでしょう。ですから，議論する方向を変えることが大切です。白黒片をつけようとして話し合っていくうちに，「どちらにもつながるもっと大本の大切なことがみつかった」となるようにするのです。

　道徳的な諸問題について，考え，議論する，ということはもちろんですが，それだけでは足りません。例えば，「ルールを守らなかったら厳罰にするということについてどう思うか考え，それぞれの立場で議論せよ」というテーマが掲げられたとします。このテーマについて「賛成か反対か」という立場を明らかにするためにも考えなければなりませんが，その「考える」は，道徳教育で言う「考える」とは少し違います。道徳教育で言う「考える」は，「ルールはなぜあるのか」「ルールでなければ守らなくてもよいのか」「守るべきものは何なのか」ということについて考えることです。「ルールは守らなければならないから守る」というのは「考える」というより「条件反射」です。

　ただ「白黒つけるため」とか「どちらがいいかを決めるために」というのでは，ただの口達者を育てることになりかねません。

　次に，道徳で「考える」べきことは何かを考えましょう。

　分かっているつもりの道徳的な約束事を再認識したり，それができていない自分を振り返って反省したりするだけでは「道徳的に思考する」ことはできていません。「なぜそれが大切なのか」「それを大切にすることによって，自分たちの生活はどうなるのか」「それ以外のことで大切なことはないのか」などを考えることが大切です。

　そして，子どもたちを「考える」主体にした学習展開を考えましょう。言うまでもなく，学習の主体は子どもたち自身です。その子どもたちが自ら考えたくなる，実践したくなる導入，発問，板書の工夫が必要です。

　この「考える道徳」「議論する道徳」とはどういうことなのかを，私たちはきちんととらえなくてはなりません。

3 道徳の授業でしかできないことをする

　前述した「ルールを守らなかったら罰金！」的なテーマは，道徳でなくても総合的な学習の時間や特別活動の時間でも，学習を展開することができます。道徳の時間にすべきことは，このテーマをきっかけにして，「ルールを守る主体者である，私たちがどのようなことを大切にすればよいのか，そうすることによってどのような恩恵がもたらされているのか」という，本質的な部分を考えさせることです。

　ですから，考えれば考えるほど「そういうことか，それは素敵だなあ」と心が動いたり，「よし，もう一度ルールを見直してみよう」とやる気がわいてきたりすることが大切です。「分かった！」と「いいなあ！」と「よし，やるぞ！」は連動しているのです。

　表面的な話し合いの活発さが歓迎されたり，意地の張り合いになったりすることのないような展開にすることを留意しながら，授業を構想したいものですね。

> 　道徳の授業でしかできない本質的な学びを促し，子どもたちを「考える主体」にして，話し合いたい，実践したいと思わせるようにしましょう。

　具体的な取り組みの改善方法については，第2章でお伝えしたいと思います。

1章 「考え，議論する道徳」に変える　押さえておきたい基礎・基本　13

03 授業展開を変える

道徳が教科になったら，授業の展開はどのように変わるべきなのでしょう。
アクティブ・ラーニングとからめてお伝えします。

1 アクティブ・ラーニングと道徳授業

　これからの学習スタイルは，子どもたち主体のものにすべきであるとの主
張と同期するように，アクティブ・ラーニングを道徳授業にも取り入れよう
とする実践が多く見られるようになりました。

　たしかに，道徳の学習は，他教科の学習に比べて受け身的要素が強い印象
があります。座学ですし，練習問題やテストといったアクセントがあるわけ
でもなく，なおかつ学習内容自体が改めて考えるまでもない「分かりきって
いること」ときています。それを打開するために，問題解決的な学習や役割
演技などの「実技系」要素が試みられていますが，必ずしも成功例ばかりで
はないようです。

　そこでアクティブ・ラーニングの登場です。まずは形を決めるアクティ
ブ・ラーニングが主流になりそうです。例えば，グループをつくって話し合
い，発表する活動。いかにも子どもたちが主体的に活動し，見栄えはよいか
もしれません。しかし，そこから子どもたちの心が動いてこなければ話にな
りません。活動自体が目的になっては困ります。心が動くからこそ，自ずと
身体が動いてくるというのが自然な流れでしょう。役割演技などの動作化も
同様です。演じることが目的ではなく，それを通して道徳性が育まれること
が重要です。

　では，どのような手立てをとれば心が動く展開になる（アクティブにな
る）のかを考えていきましょう。

2　心が動く展開にする４つのポイント

①既成概念を打ち破る

「あれ⁉　こんなはずではなかった，どういうことだろう」と思えば，子どもたちは自ずと問題意識をもち，身体が前のめりになります。これを授業の導入の段階で行うと効果的です。自ずと学ぶ主体になり，その後の学習内容が入りやすくなります。まさに，学ぶ構えがアクティブになるのです。

②新しい発見を演出する

「あ！分かった！　そういうことか」という気づきがあれば，子どもたちは本時の学習に達成感を感じ，もっと考えたい，学びたい，友達の話を聞きたいと思うはずです。その気づきは，小さなことでもかまいません。大人にとっては当たり前のことかもしれません。それでもいいのです。子どもたち自身が気づき，子どもの言葉で語ることが大切なのです。それを指導者は「よく見つけたね」「なるほど，そういうことか」「他の人は○○さんの意見に付け足しできるかな」と意味づけをしてあげればいいのです。

③学びに対して感情を動かす

「それっていいなあ」「そういう人になりたいなあ」「そこに気づくことができた自分たちもまんざらではない気がしてきた」というように，気づきがあったからこその感動は，人をアクティブにします。人間は感情の生き物です。理屈でいくら説得して動かなくても，心が動けば自然に行動に移すようになります。

④身体を動かす

「やってみよう」「やってみたよ！」「うまくいったよ」「う～ん，ちょっとうまくいかなかった。次はどうしようかな」これは，授業中というより，授業後の実体験によるものが大きいと思います。道徳の授業には限界があります。時間内にすべてのことをフォローすることはできません。だからこそ，授業後に効果的につなげるのです。

1章　「考え，議論する道徳」に変える　押さえておきたい基礎・基本　15

授業で心を動かし，授業後の実生活で身体を動かしたくなるようにしてあげる。この合わせ技で，はじめて「実感した」という深い理解が可能になってくるのではないでしょうか。

3　実際の授業場面

　では，実際の授業場面でどのような展開が可能か，私が担任した１年生の実践から紹介しましょう。礼儀（あいさつ）に関する学習です。

　（○教師　・児童）

①既成概念を打ち破る

○よいあいさつってどんなあいさつでしょう。

・いつでもどこでも。　・大きな声で。　・心を込めて。

○では，やってみますよ。（わざと大きな声で）「おはようございます！」これでいい？

・いや，ちょっと違う気がする。

②新しい発見を演出する

○では，よいあいさつについて，今日のお話から考えていきましょう。

・（この話の○○さんは，）自分の気持ちを言葉にして付け足ししているよ。

・普段していることとは違うあいさつを，相手の気持ちを考えてできているよ。

○なるほど，そうか，ただ元気よく声に出すだけではないのですね。

③学びに対して感情を動かす

○そういうあいさつをすると，どんなことができると思いますか。

・もっと友達が増えそうだ。

・あいさつをその場で変えて言える（マニュアル通りではなく，時と場と相手に応じて臨機応変にできるということ）。

④身体を動かす

○そういうあいさつができたら，きっと相手もうれしいし，たしかに仲よし

になれそうですね。そういうことに気づいたみなさんも，きっと授業前よりあいさつ上手になっているね。

　授業後の子どもたちの反応は様々でしたが，確実に授業を受けた効果が見て取れました。例えば，Ｓさんは次のような感想を道徳ノートに書いてきました。

> 　今日は，道徳ノートを5ページも書いてしまいました。あいさつのよさを20こ見つけました。本当に楽しかったです。
> 　楽しい道徳の楽しいやりかたが分かったので，これからもがんばります。

　また，Ｋ君は，あいさつカードを作ってきました。あいさつが上手にできるためのポイントを自分なりにまとめてきて，実践しようとしているのです。その項目がおもしろかったので，一覧にして作り直し，全員に配布しました。

　これらの思い思いの，しかし授業を受けたうえでの学習の積み重ねが感じられる子どもたちのリアクション。これが心が動き，結果として身体がじっとしていられない状態（アクティブ）になった主体的な学び（ラーニング）だと言えないでしょうか。

まとめ

・いたずらに言葉に踊らされて右往左往せず，子どもに向き合ってすべきことをしましょう。

・心が動かないと身体は動きません。しっかり心を動かすような授業展開を目ざしましょう。

・しっかり心を動かすためには，知的理解による納得がなければいけません。抽象的な言葉でごまかしたり，なんとなく雰囲気で丸め込んだりしないで，きちんと理解させましょう。

1章　「考え，議論する道徳」に変える　押さえておきたい基礎・基本　17

04 発問を変える

　「道徳的に思考する」深く考える道徳授業を行ううえで，一番重要なポイントは，ズバリ「発問」です。

1 閉じた発問から，開かれた発問へ

　従来の発問は，読み物教材の内容をいかに把握し，共感的理解を図るかに重点が置かれていました。ですから，登場人物の状況や心情を問う発問が多くなります。つまり，「主人公の○○と△△は何をしたか」「そのときの△△の気持ちはどんなだったか」というような発問です。そのような発問に対して，子どもたちが使う力は，文脈から読み取る読解力と，「道徳的に考えると正解は……」というようなクイズ的な類推力が中心です。

　この類いの発問は，はじめからある「答え」を読み解いていくようなスタイルとなり，新しい発見をするというよりは，常識的なことの見直しをするという形になります。当然のことながら，はじめから分かりきった正解を言い当てるゲームのような展開になってしまいがちです。答えははじめから分かっているのですから，そのような発問で授業を進めれば進めるほど，結論はどんどん狭められていきます。それが「閉じた発問」です。それでは子どもたちにとってやりがいのある，おもしろいものになるはずがありません。

　それを，読み物教材を読むだけでは分からない，「人間的によいところはどこか」という考え方をすることで，「ああ，そう考えればこれにも意味があるなあ。だったら……」とか「そうか！　自分たちが，主人公の行動がいいなあと思った理由はこういうことだったのか！」「なるほど！　そんなこと考えたこともなかった‼」というように，思考がどんどん広がっていく発問があります。それが「開かれた発問」です。

では，「開かれた発問」とはどういうものなのかを説明しましょう。

低学年の教材に「およげないリスさん」という話があります。カメさんたち3匹が島に遊びに行くとき，泳げないリスさんは連れて行ってもらえずに悲しい思いをします。一方，カメさんたちは，リスさん抜きで島に行ったものの，ちっとも楽しくありません。そこで相談のうえ，カメさんの背中にリスさんを乗せて島に連れて行き，一緒に楽しく遊ぶという内容です。内容項目は，友情・信頼です。

では，発問を考えましょう。あなただったらどのような発問をしますか。次の中から選んでください。

①カメさんの背中に乗せてもらって島へ行ったときのリスさんの気持ちはどんなだったでしょう？

②カメさんたち3匹は，リスさん抜きで遊んでいたとき，なぜちっともおもしろくなかったのでしょうか？

③気の合う友達同士で遊ぶことはよくないことでしょうか？　リスさんのような，自分たちとは遊び方が違う友達と一緒に遊ぶことのよさは何でしょうか？

④カメさんたち3匹で遊ぶときと，リスさんを入れた4匹で遊ぶときとの違いはなんでしょう？

①は従来の形です。補助発問次第で，そこから広げていくことも可能ですが，このままでは，子どもたちの思考はどんどん閉じていってしまいます。

「うれしかったと思う」「自分も友達にやさしくしようと思ったと思う」「一人ぼっちの友達がいたら，声をかけてあげたい」……こんな感じではないでしょうか。

②は「なぜ」を問うスタイルです。なぜを聞くことで，その行為・行動をとるにいたった経緯を認識することができます。

「だってリスさんの悲しそうな顔が目に浮かんだから」「かわいそうだと思ったから」「友達にはもっとやさしくしなければと思ったから」等々。もう

1章　「考え，議論する道徳」に変える　押さえておきたい基礎・基本　19

一息，突っ込みが必要ですね。だって，「かわいそうだからしてあげる—してもらう」という友達関係はちょっと不公平ですから。

③はズバリ，友達のよさについて，教材を通して考えさせる発問です。このように聞かれれば，この教材で描かれている友達のよさを考えずにはいられませんよね？

④は③の問いを子どもたちレベルに具体的におろした発問です。聞きたいことは③と同じなのですが，こういう風に聞いた方が考えやすいかもしれません。

子どもたちは，きっとこのようなことを言い始めます。

「4匹で遊ぶ方が，きっと相手のことを考えていろいろな遊び方を思いつくと思うよ」「きっとこのあと，4匹はもっと相手のことが分かってきて，もっともっと仲よしになると思うな」「こういう友達と一緒に遊びたいな」「一緒にいて安心できる」

では，発問を変えると，子どもたちの反応はどのように変わるでしょうか。私が授業を受け持っている子どもたちの生の声をもとに，教師自身の発問や展開に対する自己評価をしてみたいと思います。登場してもらうのは4年生の子どもたちです。この子たちは，私の授業を4年生になってはじめて受けた子どもたちです。ですから，固定観念もなく，素直に感じたことを表現してくれています。

> 私は，「ありがとう」という言葉は知っていたけれど，意味はあまり知りませんでした。身近な言葉でも，知らないことがたくさんありました。みんなと授業することで，その大切さ，そしてどのように使うかがよく分かり，よかったです。(女子)

今まで知っていたつもりだったことが，実はまるで分かっていなかったことに気づくと，子どもたちは「おや？　こんなはずではなかった。どういうことだろう」と自然に問題意識が喚起されます。

つまり，分かっているつもりのことを改めて問い直すということが，子どもたちの意識を揺さぶる第一歩です。

> 先生が，できる程度に質問して，深く考えられたところがよかった。
> （男子）

　これはまたおもしろい意見です。「できる程度」というのは，おそらく「そのときの子どもたちのペースや思考に合わせて」ということだと解釈します。

> おもしろいし，深く考えることができるので大好きです。この前の授業では，僕にとって欠かせない，一番大切なことだと思い，今までのことを振り返りました。なので，心に残りました。（男子）

　開かれた発問は，自分と重ねながら考えることができる発問ということもできます。自然に自分自身の生き方につながり，形式的な「価値の主体的自覚」の時間，つまり「あなたも同じような気持ちになったことはありませんか」的な投げかけをしなくてもよくなります。

　いかがでしょうか？

　みなさんだったら，子どもたちに，①〜④のうち，どの発問を投げかけてみたいと思われますか？

　同じ教材でも，発問を変えるだけで，その後の展開は大きく変わります。ぜひお試しあれ。

まとめ

　授業を変えたければ発問を変えましょう。
・分かっているつもりのことを，改めて問い直す。
・子どもの言葉を紡ぎながら，問い返しをしていく。
・自然と自分自身を重ねて考えられるようにする。

1章 「考え，議論する道徳」に変える　押さえておきたい基礎・基本

05　板書が変わる，子どもが変わる

　道徳の授業を子ども主体に変えようと思うならば，板書も変える必要があります。黒板は教師が伝えたい学習内容のまとめと伝達のための記録板という考え方から，子どもたちが自ら考えを寄せ合い，工夫して考えてゴールに行き着くための思考をサポートする支援板という発想です。

　子どもたちの視野を広げ，あらゆる能力を駆使して思考をサポートするツールとして活用。

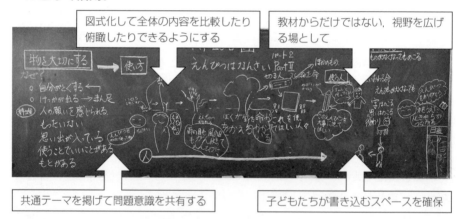

図式化して全体の内容を比較したり俯瞰したりできるようにする

教材からだけではない，視野を広げる場として

共通テーマを掲げて問題意識を共有する

子どもたちが書き込むスペースを確保

1　板書の役割と活用法

①これまでの板書の活用の仕方
・本時の課題やテーマ，問題を掲げ，共通の土俵をつくる。
・教材の場面絵や発問を掲示し，子どもたちの理解を促進させる。
・子どもの発言を一言一句違えずに書き写し，記録として残す。

・学習内容を整理し、まとめる。
②これからの板書の活用の仕方
・単なる記録ではなく、思考を多面的・多角的に広げるための学習板としての活用。
・子どもたちが板書に参加し、1つの作品として創りあげる板書。
③場面発問型の板書

場面発問型の板書は、場面絵と発問を順を追って掲示しながら子どもたちの発言を記録していきます。登

場人物の心情に自我関与しながら共感的理解を図るという点では効果的な板書です。一方で、あらかじめ用意されたレールに子どもを乗せて予定調和的に「分かりきったことを言わせたり書かせたりする」という問題提起もなされています。最後の結論を「答え」として提示するような役割が強くなり、「価値注入型」などと揶揄されることもあります。

④テーマ発問型の板書

テーマ発問型の授業の板書は、必ずしも右から左へストーリーを追いながら内容を把握していくというスタイルをとりません。むしろ、黒板の真ん中にテーマをドンと書き、そのテーマに向かって様々な考え方を、多様な観点から考察していく中で、対比する図式を描いたり、

矢印でつなげていったりします。全体を俯瞰しながら、教材に描かれていない世界にまで思考が及ぶように仕組み、新たな気づきを促します。「教科書（教材）を学ぶ」というよりは「教科書（教材）をきっかけにしながら自ら

のよりよい生き方を考える」という発想です。このような展開での板書は，子どもたちを板書に参加させるというのも一つの効果的な手段です。

⑤時系列を描く

階段や矢印，ベクトルなどを使って努力の結果だけではなく，何かを達成するための過程に気づかせ，考えさせるときに有効な板書です。

⑥構造的に描く

内容項目を大本（おおもと）の心から構造的に把握させるときに効果的な板書です。心と行動がセットになっていることに気づくことができます。

> **まとめ**
> ・板書の役割を意識して，それぞれの授業スタイルの特性を踏まえた上で，効果的に活用しましょう。
> ・板書は子どもたちの思考をサポートする重要なステージとして活用しましょう。板書に子どもたちを参加させ，見えないものを見つけるツールとして柔軟に使いこなしましょう。

2章

「考え，議論する道徳」に変える
指導の鉄則50

01 教材を考える窓口にする

教科になるということは、教科書を使って授業をすることになると思いますが、教科書の教材は、これまでの副読本の資料とは違う扱いになるのでしょうか。

基本的には変わりません。これまでの資料が教材として使われることもあるでしょう。
　ただ、これまで以上に年間の指導計画を意識した、系統的な学習の積み上げが意識されることとなるでしょう。

1 教科書を使って，考える練習をする

　教科書というと、どうしてもその内容を順を追って教え込むというようなイメージになりがちですが、道徳の場合はそうはなりません。むしろ、「教科書になったから、その内容を教えなければいけない」という考え方にとらわれないようにすることです。
　教科書で教えるのではなく、教科書の教材を窓口にして、よりよく生きるために考え、実生活につなげていく価値観・判断力・実践力をつけていくことが重要です。

2　何を学んだのかを明確に

　とはいっても，「道徳は何を考え，何を言ってもよい」というような，従来と同じとらえでも困ります。教科になった以上，学習内容は明確に意識されなければなりません。ただ，それを教え込むというスタイルではなく，子ども自身が自ら気づき，主体的に獲得し，我が身に重ねていこうとするスタイルをとることが大切です。

　さて，ここで言う学習内容とは何でしょうか。「何でも正直に言う」「友達と仲よくする」これらは学習内容だとお考えになるでしょうか。

　結論から言うと，これらは学習内容ではありません。なぜなら，これらは人が人として円滑な社会生活を営むうえで大切にすべきことの平均値を，通りのよい一般的な言葉でまとめたにすぎないからです。大切なのは，「正直にする」ということはどういうことなのか，それをすることによって，人としての何が保たれるのかを，子どもなりに自分の言葉で考えさせることです。そこから得られた，「正直にするということは，自分が正しくないと思ったことにもごまかさずにちゃんと向き合い，正しく直すことができるということなんだ」という気づきこそが，学習内容です。

ポイント
・教科書の教材はあくまでも考えるきっかけをつくる窓口。それを利用して，発問の工夫や展開の工夫をして，書かれていないことに気づかせたり，見えないものを見せるようにしたりする。
・新たな気づきから得られた知見をもとに，価値観を再構築していくような学習活動を展開する。
・「何を学んだのか」を子どもたちに明確にさせる。

2章　「考え，議論する道徳」に変える　指導の鉄則50

02 導入―展開―終末の基本的な流れを押さえる

「特別の教科 道徳」の展開は，どのようになるのか教えてください。これまでとは全く違ったスタイルになるのでしょうか。

変えなければいけないということではありません。かといって，そのままでいいということでもなく，もっと幅をもたせて，柔軟に考えてよいということです。

1 学習内容の吟味

　道徳教育は，教育活動全体で行う部分と，週1時間の授業で行う「道徳の時間」に分かれていました。教科になるということは，この週1時間の「道徳の時間」が，領域ではなくなるということです。「道徳科」になるわけです。

　教科となる以上，学習内容の定着が求められるわけですが，道徳の場合これがくせ者です。「価値の押しつけ」になってしまわないように，なおかつ，きちんと指導が通るようにしなければなりません。

2 ストーリー性をもたせる

　これまでの道徳授業は「何を言ってもよい」「多様な価値観を認める」と

いうことを前提に，学習内容がはっきりしませんでした。教科ではなかった時代はそれでもなんとかやり過ごすことができましたが，これからは「何を学んだのか」を，指導者も学習者も明確に言えるようにする必要があります。

とはいっても，「1つの答えを全員で共通理解する」「無理矢理押しつける」「訓練して定着させる」「テストで定着度を確かめる」という性格のものではありません。

「今日は○○について話し合って，今までの考え方が180度変わった」

「親切というのは，○○ということが分かった」

というように，「○○について考えた」というような，子ども自らが学びを語ることができるようにするゴール設定が必要です。そのような授業にチャレンジするときのポイントは次の4つです。

道徳科としての授業ポイント

①導入で，内容項目の本質的なことを問う。

②授業内で，内容項目の「お決まりパターン的解釈」を一度崩す。

③内容項目を子ども自身の言葉で再構築させる。

④終末で，導入と同じ問いをして，どのくらい自分の解釈で言えるようになったかを自己評価させる。

ポイント

・必ず教材から離れて自分自身をふり返らせなくてはならない，終末は教師が説話等を行い余韻をもって終えるようにする等々の「呪縛」は発展的解消を目指しましょう。

・型にはめるのではなく，子どもたちが結果的に自己を真摯にふり返り，前向きな気持ちで授業を終えられるようにするのが一番です。

2章 「考え，議論する道徳」に変える 指導の鉄則50 29

03　1時間の時間設定を明確にする

　道徳は何を言ってもよい時間と言われますが，何も結論が出なくてもよいのでしょうか。また，授業後の実生活につなげることが大切だということは，1時間の授業で終わらなくてもよいということですか。

　「何を言ってもよい」ではなく，明確なゴール設定は必要です。ただし，そのゴールは子どもたちが見つけ出すようにしたいものですね。

1　ゴールイメージをきちんともつ

　道徳に答えはないのだから，多様な価値観を出し合えばよいというような考え方から，教材もオープンエンドにして考えさせるつくりにすることがあります。ただ，教材はオープンエンドになることがあっても，授業はそれではいけません。ねらいと手立てをもって授業を行うわけですから，明確なゴール設定は必要です。
　そのために，「何を学んだのかを子ども自身がはっきりと言うことができる」ことをねらいとした授業設定が求められます。

2　何を学んだのかを明確に

　では，具体的場面でみていきましょう。

「正直，誠実」の内容項目の授業をイメージしながら説明します。

① 「正直という言葉は知っていますね。正直ってよいことですか」

・うん，もちろんよいことです。

「正直に言うって，どんなことを言うことでしょう」

・本当のことを言うこと。

② 「では，逆上がりができない子がいたとしますよ。その子に『きみ，鉄棒は上手ではないね』と言うことが，正直なこと，よいことなのですか」

・本当のことを言っているけど，よくないんじゃないかな……。

・あれ？　どういうこと？？？

③ では，今日のお話を読み，考えていきましょう。

④ 今日勉強したことで，「初めて気づいたこと」「いいなあと思ったこと」「これからのこと」を道徳ノートに書き，発表してください。

　このような展開をすると，1年生の子どもでも次のようなまとめができるようになります。

　今日は「正直」ってどういうことかについて考えました。はじめ私は「本当のことを言うこと」だと思っていました。けれど，授業をして，正直にはよい正直と悪い正直があることに気がつきました。自分のよい心に正直になって，友達に話しかけられるようになるといいなあと思いました。正直を使って友達にやさしくできるやり方が分かったので，今日の帰りにいっしょに帰る○○さんに，（正直を）つかってみたいです。

　子どもっておもしろいなあ，すごいなあと思うことは，いいと思ったらすぐに行動に移す素直さと実行力があるということです。授業できちんと考えさせれば，その成果は子ども自身が自らの行動で示してくれます。楽しみですね。特別の教科　道徳を子どもと一緒に楽しみましょう！

2章　「考え，議論する道徳」に変える　指導の鉄則50

04 導入で子どもたちの構えをつくる

学びを深めるための導入には，どんな要素が必要なのでしょうか。

教科として行う以上，ねらいにもとづく導入を心がけましょう。
また，導入の意義についてもちゃんと考えましょう。

1 導入の意義

　まずは子どもたちの知的好奇心や，よりよく生きたいと思う根源的な学びの欲求を呼び起こすことです。それを「心の構え」と呼ぶことにしましょう。「心の構え」ができるかできないかは，本時の授業の成否を左右してしまうほど大切な要素です。
　私が心がけているのは次の2つです。
　①子どもたちの授業前の意識の喚起と把握
　②ゴールイメージをもつ

2 考えたいこと，観点を明確にもたせる

　例えば，「友達と仲よくするってどういうことだろう」と問えば，子どもたちは（大人であっても）様々な返答をするでしょう。

「一緒に遊ぶ」「困ったときに助け合う」等々，これはすべて間違いではありません。つまり，「これだ」という1つの正解はないわけです。だから，道徳は答えがないと言われるのですが，それもちょっと違います。たった1つの「唯一解」はないけれど，なんでもありではありません。ゴールフリーではないのです。一人一人の「納得解」，クラス全体の「合意解」を探さなくてなりません。基本的には表面的な行為・行動に答えはないと思った方がいいでしょう。

ここで，「子どもたちにここに気づかせよう」という，ゴールイメージが浮かんできます。そして次のように問い返します。

「一緒に遊ばないと仲よしではないのかな」「困ったときに助けてくれる友達と，助けてくれないけれどそばにいてくれる友達とでは，どちらが友達としてレベルが高いだろう」。

子どもたちは一瞬返答に困るでしょう。そして，「ああ，一言で片付けられる問題ではないな。そういえば，自分はどうだろう」というように，はじめて自分で考えようとしはじめます。つまり，それまではよそから聞いたような，借り物の言葉を使って「考えたつもりになっていた」だけなのです。

「あれ!?　今までなんとなくそういうものだと思っていたのと違う」
「友達ってどういう存在だろう」
「今日の勉強でそれが分かったら，友達レベルが上がるかもしれない」

導入時に，子どもたちにこのような「心の構え」をつけさせることができたら，教材を読む必然性も増すことでしょう。さらに，子どもたち自ら話し合いの観点を見い出し，主体的に話し合いを展開していくことでしょう。

教材を読むにしても，問題意識や観点をもちながら読むのと，ただ漠然と読むのでは，そのあとの授業の展開に大きな違いが出てきます。

2章　「考え，議論する道徳」に変える　指導の鉄則50

05 導入と終末のまとめを連動させる

　導入で聞いたことは，その後の授業でどのように生かせばよいでしょうか。

　たしかに，導入で言わせっぱなしではもったいないですよね。導入と終末を連動させることで，授業に一本筋を通し，ストーリー性をもたせることができます。

1 導入と終末で同じことを聞く

　授業のはじめと終わりでは，当然のことながら学びによる変容がなければいけません。それは学習者の価値観の深まりであったり，意欲的な高まりであったり，様々です。
　指導者は，子どもたち全員にそれを保障する必要があります。導入での子どもたちの意識と，終末での意識の変容を自覚させることで，「なるほど，そういうことか」とか「大事なことに気づくことができた」というように，道徳の授業に対して達成感や必要感をもてるようになります。

2 子どもたちに自己評価させる

　導入で，「友達だからできることって何？」と聞きます。子どもたちは，これまでの生活経験や学習経験から様々なことを答えるでしょう。

その後、「友達だからこそ、できないこともあるのでは？」というテーマで話し合いをします。そのような学習を展開したあと、終末部分で導入と同じ問いをします。

子どもたちは「はじめは友達って一緒にいて何かを楽しくすることだと思っていたけれど、授業をして、友達だからこそ言いたくないことも言わなければならないときもあるし、逆に言ってはいけないこともあるということが分かった」というように、友達観の質的な高まりや深まりを自分の言葉で語ることができるようになります。

これは子ども自身の自己評価にもつながりますし、教師の授業に対する評価にもなります。何よりも、導入から終末までの授業の流れに一本筋が通り、「分かった」感が強まるので、子どもたちの意識に強く作用し、授業が終わっても考え続け、ときに応じて実践するようになるのです。流れとしては次のようになります。

---

①導入で予想を立て、問題意識をもつ。
②問題意識を解決するために、多面的・多角的に観点を設けて話し合う。
③見つけたことを自分自身の生活に重ねながら吟味する。
④終末で、「今日の学習で分かったこと」を自分の言葉でまとめる。

問題解決的な学習を道徳に取り入れるということが言われていますが、このような子どもの問題意識を喚起し、それを解決するために話し合いをもち、本時の学びをまとめるというスタイルこそ、問題解決の基本ではないでしょうか。

06 工夫のある導入で授業に引き込む

子どもたちの興味・関心を引き，授業に巻き込んでいく導入はありますか。あったらその方法を教えて下さい。

あります。主に子どもたちの興味・関心をかき立てる導入と，子どもたち自身の問題意識がそのまま導入となる場合に分けられます。

1 子どもの興味・関心をかき立て，本時の話し合いの観点を意識させる

　一般的に，道徳授業の導入の役割としては，教材への導入と価値への導入という2つがよく言われます。ここでは，そのような教材を理解するための補助的な要素で導入を使うのではなく，教材を通して考えさせたい観点を，もっと本質的に深く理解させるために「導入を授業の一部として位置づける」というスタンスを取ります。導入が授業の一部であることは当然ではないかと思われるかもしれませんが，導入―展開―終末が，意味のあるつながりをもち，全体として1つの作品となるような授業構想は，もっときちんと考えられなければいけないことだと思っています。

2 子どもたち自身の問題意識が，そのまま導入となる

　はじめと終わりの意識の変容を子どもたち自身に自覚させることで，子どもは道徳の授業に対して達成感や必要感をもつようになります。

例1）きれいなマントを羽織って颯爽としているスーパーヒーローと，汗だく泥まみれになって戦っているスーパーヒーローを比べて，「どちらがかっこいいですか」と聞きます。子どもたちは，颯爽としているスーパーヒーローの方をかっこいいと言うでしょう。でも，少し経つと「でも，くたくたになっているということは，誰かのために戦ってくれているということでしょう。だとしたら，何もしないヒーローより，自分がボロボロになっても人のために働いているヒーローの方がいいな」という子が出てこないでしょうか。そこで「かっこいい人ってどういう人なのでしょうね。今日の話の中にもかっこいい人が出てくると思います。見つけてみましょう」と投げかけて教材を読みます。子どもたちは問題意識とそれを解き明かすための観点をもって読むことで，きっと構えが変わってくるでしょう。

例2）「どちらが正直でしょうか」

①お母さんから頼まれごとをしたけれど，面倒くさいから「いやだよ」と言いました。

②お母さんから頼まれごとをして，面倒くさかったけれど「分かった，やってみる」と答えました。

　当然①の方が正直ですよね。「でも……」です。この「……」に何が入るか。「これを明らかにしていくために，今日はこの話を通して考えましょう」という目的意識はどうでしょうか。

ポイント

- ・子どもたちに「練習問題を出す」。
- ・なるべく具体的場面を想定し，見かけの行為・行動だけでは説明がつかない問いを提示する。
- ・実際にあったエピソードを織り込むとさらに盛り上がります。そのうちに，子どもたちの方から問題提起をしてくるようになったらホンモノです。

2章　「考え，議論する道徳」に変える　指導の鉄則50

07 授業と学級経営をつなげる

授業と学級経営は車の両輪と言われます。
道徳授業の場合はどのようなつながりを意識したらよいのでしょうか。

どの教科・領域の授業でも言えることですね。道徳の授業で特に必要とされるのは，①道徳教育的観点と②よりよい生き方を希求する人間関係形成です。

1　道徳教育的観点

　道徳教育は授業１時間で完結するものではありません。もちろんそれはどの授業でも言えることですが，道徳の場合，特に授業後の生活が重要です。すべての教育活動のステージが，道徳にとっては実践・実感・学びの場となるからです。内容教材が中心の教科であれば，その教科内でのスモールステップの積み重ねで学習が成り立ちますが，道徳はそうはいきません。つまり，すべての教育活動に通じる理念なしには，学びの蓄積がされないのです。
　そのときに学習者としての一人一人の心構えと，学習集団としての学級経営が大きく影響してくることになります。

2　よりよい生き方を希求する人間関係形成

　どんなによい教材を使っても，どんなに教師が熱意をもって語っても，学

習者である子ども自身に学ぶ気がなければ効果は半減してしまうでしょう。さらにそれが学級全体の雰囲気にまで波及してしまうような場合，半減どころかマイナス効果になってしまうこともあり得ます。

　逆に学習者である子ども一人一人が育っていれば，ちょっとした気づきからどんどん広がっていき，一人では気づけなかった発見等が拡散し，2倍3倍の学習効果があがることも不可能ではありません。

　そのために大切なことは，

・多種多様な意見が出されることが歓迎される授業展開であること。
・友達の話を聞きたいと思う問題意識をもたせること。
・「分かった」「言いたい」「聞いてほしい」と思えるように，子どもが
　　自分で気づいていくというステップを踏むこと。

です。そして，そのような動きが子どもたちから出てきたときが勝負です。すかさず，次のような投げかけをすることがポイントです。

　「ちょっと待って。A君が言おうとしていることを自分の言葉で言える人」

　「BさんとC君が言っていることで同じところはどこかないかな」

　「最後まで言えなくても，思いついたことがあったら言ってごらん。必ず友達が助けてくれるから」

　「Dさんが言ったことは○○ということかな」

　このように，道徳の授業で考える価値があることをみんなで話し合い，その過程で学級づくりの手立てを取るのです。これが授業をしながら行う学級経営です。

　また，子どもだけでなく，教師自身がよりよい生き方を希求しているかということも大切です。そのような潜在的カリキュラムは，指導内容とは別の次元で子どもたちに伝わるものです。

2章　「考え，議論する道徳」に変える　指導の鉄則50

08 授業と保護者をつなげる

道徳教育は家庭との連携も必要だと思いますが，その意味と方法を教えて下さい。

たしかに家庭との連携は必要です。なぜなら，家庭や地域社会は，授業で学んだことを実践し，実感する貴重な場だからです。では，その方法をお伝えしましょう。

1 宿題を出す

　教科になるからというわけではありませんが，道徳も宿題を出してもいいのではないでしょうか。例えば，

・今日の授業で思った「なるほど！」「いいなあ！」「やってみたいな！」を家で書き，家の人のコメントをもらってきましょう。
・授業の話し合いの続きを家で考えたり，よいと思ったことをやってみたり，家族と話し合ってみたりしましょう。
・学級通信に友達の道徳ノートのコピーを印刷したので，お家の人と読んで，ここがいいなと思うところを3つ見つけてきましょう。

というように，時間的にも気持ち的にもワンクッション置いて書かせるのです。これは，子どもたちの思考の継続・拡充を意図するだけでなく，保護者

の方との共通理解を図るという意味でも大切です。

　このような手続きを踏むことにより，学校と家庭が同じ歩調で子どもたちを見て，声かけができます。

2　保護者にも参加意識をもっていただく

　さらに一歩進んで，どのような声かけや，アドバイスをすればよいかを保護者に把握しておいていただくと，実践の場での道徳的体験学習がより一層実感を伴う効果的なものとなります。例えば，

・授業参観で道徳の授業を公開し，そのあとの説明でどのような点を大切にして指導しているかを伝える。

・学級保護者会で保護者対象に道徳の授業を行い，子どもたちの立場で授業を体験していただき，家庭での声かけの参考にしていただく。

等が考えられます。実際私は担任する学級で保護者対象の授業を行いました。そのときにA子さんのお母さんから次のような手紙をいただきました。

　その日は晩ご飯の餃子をつくりながらも，ずっと「よりよく生きる」ということについて考えを巡らせていました。これからは，娘が道徳ノートに感想を書いている横で「○○分までに書き終えなさい！」などとは決して言わぬことを誓います。　　　　　　　　　　　　（A子母）

　きっと学校では見ることのできない一面が見られることでしょう。

留意事項

　様々な家庭の事情，意識，価値観があることを前提に「べき論」（「こうあるべき」）ではなく，「たい論」（「こういうところを大切にしたい」）で語りましょう。

2章　「考え，議論する道徳」に変える　指導の鉄則50　41

09 教材選定の視点を明確にする

なかなかよい教材を見つけることができずに苦労することがあります。どのような教材を使えばよいのか，選ぶときのポイントを教えてください。

道徳の教材は，観点を決めて話し合いがしやすいようにかなりデフォルメして書かれています。読み取り中心の学習展開ではその特性をうまく生かしきれません。
教材の特性を理解した上で，上手に使いこなしましょう。

1 学習指導要領解説

　道徳科においても，主たる教材として教科用図書を使用しなければならないことは言うまでもないが，道徳教育の特性に鑑みれば，各地域に根ざした地域教材など，多様な教材を併せて活用することが重要となる。（中略）これらのほかにも，例えば，古典，随想，民話，詩歌などの読み物，映像ソフト，映像メディアなどの情報通信ネットワークを利用した教材，実話，写真，劇，漫画，紙芝居などの多彩な形式の教材など，多様なものが考えられる。

　「資料」という言葉はなくなりました。教科化に伴い，資料ではなく「教材」になったのです。けれど，だからといって今まで使ってきた資料が使えなくなったわけではありません。他教科を考えてみれば分かりやすいでしょ

う。例えば国語の教科書に載っている教材を使って授業をしますが，別の教科書には違う教材が載っています。どれを使っても構わないわけです。また，補助資料として教科書に載っていないものを使う場合もあります。

　道徳も同様に，これまで副読本や補助資料集として使われていたものを使って構いません。ただ，平成30年度完全実施までに，それらの資料を集めたものが検定を通って教科書となってくるわけですから，それらのうちのどれをメインにして道徳科の授業カリキュラムを組んでいくかという検討はしなければならないでしょう。

2　教科書選定と教材選定

　資料を選ぶというのは，教科書を選ぶという意味と，本時で使用する教材を選ぶという意味があります。教科書選定に関しては，私がこの場でとやかく申し上げる性質のものではありませんが，「深く考えるきっかけとなる工夫がきちんとされているか」ということは大切なポイントだと思います。教科書（児童書）と共に指導書にもそのような展開例がきちんと書かれているかどうかも要チェックですね。

　教材を選ぶ場合，目の前の子どもたちの実態に応じて追加・修正する必要があります。例えば副教材を用意するとか，同じ内容項目の別の教材を用意するなどというように，柔軟に考えましょう。

ポイント

　「深く考えるきっかけ」として，次のようなものを挙げることができます。
・「価値のよさ」と「人としてのよさ」が両方描かれている。
・主人公が自律的に変容する様相が描かれている。
・対比できるような人物設定，場面設定がされている。

2章　「考え，議論する道徳」に変える　指導の鉄則50　43

10 教材の多様な活用法を考える

教材をただ読ませて感想を言わせるだけでは授業が深まらないと思っています。
どのような活用法が効果的でしょうか。

教材には，読み物教材の他にもいろいろありますが，ここでは何といっても使用頻度の高い読み物教材の効果的な活用法・いかに読むかということについてお話しましょう。

1　よりよい世界を実感すること

　よい世界というのは，一般的なハッピーエンドということではありません。結果が伴わなくても，よりよい生き方に向かって自律的に歩きはじめる姿です。つまり，他律・依存的な姿から自律・自立的な姿への変容が描かれていることがポイントです。どんなによい行いをした様子が描かれていても，それが他律的に無理矢理やらされているような姿であったら意味がありません。自律的な世界のよさについての読みができる教材であれば，あとは発問を少し工夫するだけで，展開はおもしろいように変わってきます。

2　比較しながら考えを広げていく

　比較・分類・分析という手法は，「もの・こと」を多面的・多角的に考えるために有効な手段です。

　教材の中に，登場人物Aが自律的に変容を遂げる姿が描かれていれば，「はじめのAと最後のAの違いは何か」「Aはなぜ変わったのか」「Aの○○という行為・行動を生んだ心は何か」などというように，自然に発問が生まれてきます。

　また，同じ行為・行動をとっているけれど，もとの心が違う場合も「AとBは同じことをしているけれど，何が違っているのでしょう」というように，比較することができます。

　あるいは，もとの心が同じでも違う行為・行動をとっているときもあります。その場合は「AとBは違うことをしているけれど，共通するものがありませんか。それは何でしょう」と問いかけることができます。

　このように，教材の中に「似て非なるもの」がきちんと描かれていることが大切です。

　道徳の教材の善し悪しは，文学的に優れているかどうかではきまりません。これまでなかった道徳的な視点で「もの・こと」をみるきっかけを促すことができるかどうかです。いずれにしても，教材も使い方次第です。授業の出来不出来を教材のせいにするのはやめましょう。

ポイント

・教材から学ぶのではなく，教材を通して自らの生き方について考えることができるような使い方をしましょう。

・何よりも教師自身が読んで，道徳的な観点ではなく，人間的な視点で「ここがいいなあ」と，思えるところを問いかけましょう。

2章　「考え，議論する道徳」に変える　指導の鉄則50　45

11 教科書を活用する

教科書ができたら,それだけを使って授業をすることになるのでしょうか。

当然,教科書をメインにして年間計画を進めることになるでしょうが,一方で,それだけにとらわれないで様々な教材を使いこなすことが大事です。

1　教科書をきちんと読む

　授業をする前に,教師自身が教科書をきちんと読まなくてはなりません。その際の観点は,「どのようにして道徳の価値を教えるか」ではなく,「どこに人間的魅力が感じられ,そこから道徳的なよさを子どもたちと見つけ出すことができるか」です。そこを勘違いすると,「教科書のここを使って価値を教える」という「価値先にありき」の教科書の内容を教え込む授業になってしまいます。

　そうではなく,「教科書のここをきっかけにして考えを広げ,価値のよさに気づき,価値観を再構築していく一助とする」ことが大切です。そのような,人間的な読みをした上で,教科書を使いましょう。

　ときには,教科書の内容をより効果的に読ませるために,別の教材を併用したり,年間計画の順番を入れかえたりして,子どもたちにとって意味のある学びになるよう,柔軟に活用しましょう。

2 教科書の持ち味を生かす

　教科書に描かれているよさを読みとることができたら，次はそのよさをどのようにして子どもたちに実感させるかを考えましょう。

　私は，道徳の学習で一番の教科書は何かといったら，少々比喩的な言い方になりますが，それは子どもたち自身だと思っています。というのも，教科書に書いてあることはあくまでも考えるきっかけに過ぎず，そこから何を見つけ出し，広げたり深めたりしながら味わい，最終的に自分の生き方につながる大切なものを見つけ出すかが重要と考えるからです。そう考えると，同じ教材でも学び手によって大きく変わってくることが分かります。素材を生かすも殺すも教師の指導力と子どもの学ぶ力次第です。

　ですから，教科書を学習伝達ツールと考えず，思考を広げよりよい世界を見つけ出していくための原石をたくさん隠した宝箱と考えましょう。原石を見つけ出し，磨き，宝石にすることができるかどうか。

　そう考えると，教科書を読むのが楽しみになりませんか？

ポイント

・教科書は宝箱，どんな原石が隠れているかを，子どもと教師で見つけ出す力をつけましょう。
・教科書で教えるのではなく，教科書を使って考える練習をするととらえましょう。
・教科書を生かすための活用方法や展開は，指導書に頼らず柔軟に考えましょう。

2章　「考え，議論する道徳」に変える　指導の鉄則50 47

12 「私たちの道徳」を活用する

「私たちの道徳」はどのように扱ったらいいのでしょうか。教科書の代わりになるのでしょうか。

教科書の代わりにはなりません。柔軟に使い方を考え，子どもたちの学びに役立てましょう。

1 導入で活用する

　本時のねらいに関連するページを開き，導入に使うのも一案です。例えば，5・6年の18ページに「今，あなたがえがいている夢を書きましょう」というコーナーがあります。自分の夢って何だろう，どうしたら実現できるのかな，と子どもたちに投げかけ，本時の価値への導入をするのです。
　また，5年と6年と2年続きで使用する想定なので，長いスパンでの意識の見取りができるのもいいですね。「1年前はこんなことを思っていたんだなあ」と，自分の意識・価値観の変容をたどることができます。

2 終末で活用する

　私は子どもたちに「『私たちの道徳』は参考書と思って下さい。いつでも必要なときに開いて見たり，書き込んだりしてかまいません」と伝えていま

す。授業中だったら，今考えていることを別の観点から考えるための参考として，授業外だったら，授業中思いつかなかったことを書き留めたり，調べたりするために。

　そのような流れの中で，子どもたちの方から授業中に自然に使いはじめる環境ができあがったら素敵ですね。そのためにも，まずは意図的に使わせてみましょう。

　例えば，勇気の授業の後半で，「本当の勇気とはどういうものか，自分の言葉でまとめてみましょう」と投げかけます。そのときに，「う〜ん，思い切ってなんでもやればいいということではないことは分かったけれど，何て言ったらいいのだろう」というような「問題意識」が子どもたちの中から生まれたとします。そういうとき，「参考書を開いてごらん」と投げかけます。そこには，勇気についての一般的な言葉や，著名な人の言葉が紹介されています。中学年の「わたしたちの道徳」では「義を見てせざるは勇なきなり」という言葉に出会います。それを読むことで，「ああ，そうか，正しいと思うことに向かってやるべきことをすることが勇気なんだな。逆に間違っていると思ったら，やらない勇気もあるのかな」などと思考が広がります。

　そして，次のページには，「勇気のある行動とは，どのような行動でしょうか」という「練習問題」が出ています。子どもたちは，自ずと本時の学びをもとにして，補充・深化・統合された道徳的判断力を発揮しながら，主体的に考えることができます。このように，本時の学びを自然にふり返りつつ，まとめることができるのです。

ポイント

・使わなければいけないという意識ではなく，使いたかったらいつでも使っていいよというスタンスで「通常装備」させておくことが大事です。

・「2年間使用（仕様）」のメリットを生かし，長いスパンでの成長の記録を取るように心がけましょう。

2章　「考え，議論する道徳」に変える　指導の鉄則50　49

13 自作教材を作成＆活用する

自作の教材をつくろうと思っています。
どんな点に気をつけたらいいでしょうか。

自作教材は，究極の一期一会教材ですね。効果のあがる授業にするためには，作成とその活用に，留意しなければならない点があります。

1 自作教材作成のポイント

　自作教材は，作成者が一定の子どもを対象に，その子どもたちに身につけさせたい資質や能力を意識しながらつくられるものでしょう。つまり，非常に限定的・個別的になりがちです。それがうまくはまれば効果も大きいかもしれませんが，ちょっと間違えると表面的に盛り上がり，生活指導で終わってしまうかもしれません。というわけで，次のような観点を忘れないようにすることです。

・一般性をもたせること
・個人が限定されないようにすること
・登場人物の自律的変容がしっかりと描かれていること

---

2 自作教材活用のポイント

①思いを子どもたちに強要しない

　当然のことながら，指導書はありません。作成者の意図がそのまま指導案になります。その思いが強ければ強いほど，子どもたちへの要求レベルが限定されがちになります。指導者の意図する方向に話し合いが進まないと，「何で気づかないのか」「こんなはずではなかった」となってしまい，授業が空回りしてしまいます。教材はあくまでも考える観点を与える話題提供と割り切り，子どもたちの自由な発想に任せてみましょう。

②限定的な教材，発問は一般的に

　身近な生活教材を扱って，本質に向かう発問をすることで，自分たちの日常と道徳的なよさがつながっているという実感を得ることができます。例えば，班長の役割を負担に感じつつがんばっているうちに，班の団結が深まり，結果として班長の仕事に前向きになったM君の話をつくったとします。

　M君の気持ちばかりを聞くのではなく，「班員が変わらないのに，なぜ班の雰囲気が変わったのか」などという話し合いに時間をかけ，班としての大切な心構えについて共通理解を図ります。M君の気持ちを考え，どうしたらよいかを話し合うよりも，よい班の条件を考えていった方が汎用性があります。

ポイント

- ・限定的な場面提示による子どもたちのインパクトは，プラスにもマイナスにもなります。特性を理解して，効果的に使いましょう。
- ・個人が限定されたり，ねらいとは違う部分で話題が盛り上がったりしないような内容，展開にしましょう。
- ・失敗談ではなく，登場人物が主体的に気づき変容していく様を，あまり細かい人物描写抜きに描きましょう。

2章 「考え，議論する道徳」に変える　指導の鉄則50　51

14 教材をどう読むかを考える

教材研究が大切と言われますが，道徳の教材はどのように研究すればよいのでしょうか。

教材研究は教材解釈，つまり，教材をどう読むかということです。教師がきちんと教材を読むことができていなかったら，授業が成り立ちません。教師の教材の読みをたしかにする方法をお伝えしましょう。

1 弱さ強さを併せもつ人間として読む

教材解釈の前にすべきことが2つあります。

1つは内容項目研究。2つ目は児童理解です。その教材に内包する内容項目のよさと，教材を子どもたちがどのように読むかという実態把握なしには教材の読みは成り立ちません。

その上で，教師として子どもたちに教えるべきことは何かという発想ではなく，一人の人間として読みましょう。教師自身が教材から何を学ぶかを考えておき，授業で子どもたちと一緒に追究していくのです。

2 自分と重ねて読む

先日，ある地方の研修会で先生方と「手品師」の模擬授業をしていたときのことです。私が「みなさんだったら大劇場と男の子，どちらに行きます

か」と尋ねました。

　すると，大劇場に行くと答えた方が約1／3，男の方へ行くと答えた方が2／3でした。私は大劇場派ですが，よく考えるとそれは私自身が劇団に所属し，大劇場を目指していたからかもしれません。そのような人生経験がなかったら，大劇場を目指す人間の思いは分からないかもしれないと思いました。

　そこで，「では，明日，突然採用試験の補欠合格者面接が行われると連絡が来たらどうしますか」と先生方に尋ねました。とたんに，ほとんどの方が「う～ん」となりました。自分と重ねるとはそういうことです。

　一人の人間として，自分と重ねて教材を読むことで，きれいごとではない，本当の自分の思いから発する答えを導き出すことができるのではないでしょうか。そのために，教師も子どもたちと一緒に考えていきたいものですね。結論は出ないかもしれません。けれど，結論を出すために知恵を寄せ合って話し合い，考えていく。それこそが道徳で行うべき，「深く考える」ということだと思います。

ポイント

- ・教材の中に「どの内容項目を教えるのに適切か」を探し出すのではなく，「どのような人間の魅力が描かれているか」「子どもたちと何について深く考え見つけ出していくことができそうか」という発想で読みましょう。
- ・「それは分かるけれど，できないときもある」という人間の弱さを否定せず，「そういう人間だからこそどう考えたらよいのか」という発想で読みましょう。

2章　「考え，議論する道徳」に変える　指導の鉄則50　53

15 教材提示は分かりやすさと印象深さを意識する

読み物教材の提示の仕方に悩んでいます。特に高学年のような長い教材の場合，場面絵以外にどんな提示の方法があるのでしょうか。

読み聞かせのように紙芝居形式で行ったり，録音を聞かせたりする方法の他に，教師が一人芝居のように演じるような実践もありました。ポイントは「ざっくり」「丸ごと」です。

1 教材を視覚化して特徴を鮮明にする

　読み聞かせであろうと，紙芝居であろうと，提示した内容をざっくりと把握させることがポイントです。細かい情景描写や巧みな技法はこの際ほうっておきましょう。道徳の教材に必要なのは，道徳的な観点からの心情の高まりです。それが明確に描かれていることが重要ですし，読み手側がそれらをきちんと受け止めることができることが前提です。

　ポイントは教材に含む内容の図式化・構造化です。これは，教材を提示するときというよりは，丸ごと提示したあと，授業の展開部分で活用するというイメージです。

　そうすることによって，子どもたちは感覚的に教材の全体像をつかむこと

ができますし,「はじめと終わりの違いはなんだろう」というように,考えも出しやすくなります。

2 板書の工夫

そこで連動させて活躍させたいのが黒板です。教材の内容を,ざっくりとポイントだけ絞って図式化して板書で示すのです。そうすることによって,子どもたちは「そうそう,ここでこうなって……あれ!? ここはこれでいいのかな?」というように,自ら全体像を把握し直したり,疑問点を見つけたりしはじめます。

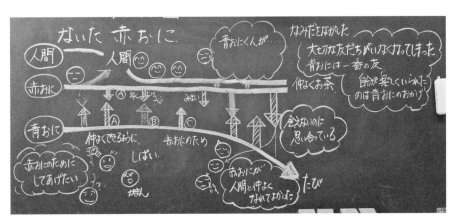

視覚化された板書の例

上の板書写真は,3年生で行った「ないた赤おに」の板書ですが,このように赤おにと青おにの互いを思い合う構造を,矢印を用いながら示すだけで,どの場面が一番心がつながっているかが直感的にすぐわかります。

「丸ごとざっくり」図式化・構造化提示はどの年代にも有効です。

16 教材提示の様々なバリエーションを使い分ける

教材の提示の仕方も色々あると思います。
これからの方向性として，どんなことに気をつけていったらいいでしょうか。

たしかに，魅力的な教材も，その提示の仕方によって効果は大きく変わってくると思います。また，これと言った特徴がない教材でも，提示の仕方如何で子どもたちに与える印象も変わってくることでしょう。

1 視覚的に提示

場面ごとの特徴を分類し，図式化して黒板に提示します。これだけで，子どもたちは教材全体を把握しやすいですし，違いを比較検討する中で話し合いを深めることができます。

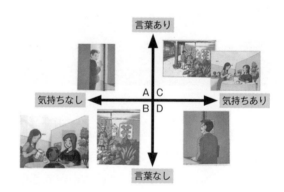

2 ICTを活用する

これからの授業は，ICTをいかに効果的に利用するかも大きいでしょう。

今後はデジタル教科書も使われるようになるでしょうから，そのデジタルデータを使わない手はありません。

例えば，中心となる場面絵を黒板に大きく提示して思いついたことをチョークで書き込ませるとか，画像を加工して考えやすくさせるとか，活用の可能性はどんどんふくらんでいくでしょう。

例えば，世界一になったソフトボール日本チーム。そのチーム力や協力について学習をする時，一人で投げきった上野選手にスポットを当てることがあります。

上野選手ががんばることができたのも，メンバー全員が自分の役割をしっかりと行い，上野投手を信じてがんばったからだというような押さえをします。

その上で，上野選手をコピーしてもう一人登場させ，子どもたちに次のように聞いてみます。

「上野選手が一人で投げきった日本チームですが，

もし，上野選手が二人いたら，そのチームの方が強くてよいチームですか」

子どもたちはとたんに考えはじめます。

・たしかに強いだろうけど，どうかなあ。
・みんな一人一人が仲間を信じ，自分のポジションに一生懸命になってがんばるチームの方がよいチームなのではないかな。
・そういうチームの方が，きっと強くなるよ。

このような「遊び心」も，多様な提示のコツではないでしょうか。

［出典］
・『ゆたかな心―新しい道徳―』3年（光文書院）
・『ゆたかな心―新しい道徳―』6年（光文書院）平成22年度版

17 基本発問をしっかりと構想する

発問について伺います。
　基本的にどのようなことに留意して発問を構成すればよいのでしょうか。

授業で「何をしたいのか」「子どもをどこに連れていきたいのか」を忘れないことです。
　本時のテーマをきちんと設定しましょう。

1 本質に向かう発問

　「こう聞けば子どもたちが活発に意見を交流するだろう」とか「ここではこれを聞かなければいけない」という発想ではなく，「子どもたちに何を考えさせたいか，そのためにはどのような展開（発問構成）が必要か」を大切にしましょう。

　これは本時の方向性を決めるものであり，全体を通したテーマ（学習課題）と重なります。東京学芸大学の永田繁雄氏が「テーマ発問」というネーミングをされていますが，子どもにどのような問題意識をもたせ，展開していくかという，子ども目線に立った問題解決的な学習と言ってもよいでしょう。

2 問い返し

　本質に向かう発問（テーマ）ができたら，そこに向かう道筋を考えます。

山登りのイメージです。到達点を設定し，そこに向かって動きはじめる。当然のことながら，なぜその到達点を目指すのかという動機は共有しなければなりません。しかしいざ登りはじめたら，どのルートを使うかは，教師が決めた道を歩ませるのではなく，子どもたちに考えさせたいものです。遭難しない範囲では自由に動かすことも必要です。ここぞというときは教師が一歩前に出て「ちょっと待って！」をすることもありです。

この「ちょっと待って！」のときに，子どもたち自身が自ら気づき，思考を広げ，結果的に深めるための投げかけをすることが重要です。それを「問い返し」と呼びます。発問構成はこの「本質に向かう発問」と「問い返し」の2つでできていると言ってよいでしょう。

私は，極端な言い方をすれば，「本質に向かう発問」は何でもよいと思っています。それよりも，本質に向かうために必要に応じて子どもたちに投げかける「問い返し」の質と量が問われると思います。

【具体例】 □は基本発問　○は問い返し　・は子どもの反応

□規則を守るよさってどんなことでしょう。
・安心，安全に暮らせる。
○では，きまりがあればあるほど安心・安全に暮らせますね？
・そうとも限らない。
○なぜですか？　では，大切なことは何ですか？
・自分から守ろうとしないと，きまりがあっても意味がない。
○なるほど，どういうことか，もう少し考えてみましょう。

子どもたち自身が考え，発見し，自らの力で山を登っていくことができるように，発問の工夫をしていきましょう。

2章　「考え，議論する道徳」に変える　指導の鉄則50

18 国語と道徳の違いを意識した発問づくりをする

国語の読解と何が違うの？とよく言われますが，実際，何が違うのでしょうか。

根本的に国語と道徳はねらいが違うのですから，発問や展開の方法も変わってきて当然です。

1　国語と道徳の違い

①特性の違い

　まず，立ち位置が違います。国語は学習内容を系統的に積み上げていく教科です。そしてその内容は，歴史や文化の中から構築されてきたものです。道徳はまだ教科ではありませんが，教科になったとしても特別の教科です。学習内容はある意味，一人一人の人間の中にあります。

②方法の違い

　国語の読み取りは，言葉を拠り所にします。それに対して道徳は，一人一人の人間としての積み重ねを拠り所にして考えます。つまり，「ここにこの

ように書いてあるから，こう解釈する」というステップではなく，「この登場人物の行動が生まれるもとには〇〇という心がある。その心からみると，きっと（描かれてはいないけれど）こういうこともあるだろう」というように，「見えないものを見る」ことができるようになります。

2 実際の授業場面で

「ないた赤おに」の授業で考えてみましょう。

国語は，
①物語の最初と最後を押さえる（「いつ，どこ，だれ」を確認）
②場面や人物の様子や気持ちを想像する

これに対して道徳は，
①「友達のよさ」という観点から物語の最初と最後を比較する
②「友達のよさ」を実感する
③「友達」を失った赤おにの気持ちを想像する

というように，同じ読みでも「友達のよさ」という窓口から考えさせます。ポイントは，子どもたちのもつ「友達のよさ観」を相手に授業するということです。つまり，子どもたちの人間としての積み重ねが勝負です。

子どもたちは，自然に自分自身の生き方と重ね，その先を考えはじめます。

> 私も友達のために，自分が悪者になれるかどうか考えてみました。でも，すごくむずかしいことなので，青おにはえらいなあと思いました。いつの日か，青おにが村へ帰ってきて，みんな仲よく暮らせるようになるといいなと思いました。

このように，ただの読み取りではなく，自分自身の生き方，価値観へと発展させていくのです。しかし，国語科教育も国語を通して人間を育てる国語教育ととらえれば，道徳教育と同じ，人間教育。根は同じです。

2章 「考え，議論する道徳」に変える 指導の鉄則50 61

19 発問の種類や性質を理解して使い分ける

発問といっても，いろいろな特徴や種類があると思います。どのように使い分けたらいいでしょうか。

ここでは，閉じた発問と開かれた発問というくくりで話をしましょう。

1 閉じた発問から，開かれた発問へ

　第1章でも述べましたが，従来の発問は，読み物教材の世界に自我関与し，共感的理解を図ることに重点が置かれていました。ストーリーは完結していますから，そのゴールに向かった話し合いも自然に収束していきます。だから閉じた発問なのです。
　それに対して開かれた発問は，ストーリーを追うのではなく，教材をもとにした子どもたちの思考の流れを追います。当然のことながら，横道や回り道も出てきます。
　例えば「これはたしかにすごいことだけれど，できそうもないなあ」「主人公はなぜできたのかな」「同じことでもこういうやり方はどうなのかな」などという，価値理解からではなく，人間的理解からのアプローチです。
　その時点では，子どもたちの思考はあちらこちらへと広がります。それで

はどっちつかずの拡散した授業になってしまうように思われがちですが，授業に一本筋を通すことで，そのようなどっちつかずにならないようにすることができます。それを「テーマ」と呼んでいます。「テーマ発問型」と言われる所以です。

2 開かれた発問の例

「感謝」の授業を例にとって考えてみましょう。

（〇が教師　・が子ども）

〇「ありがとう」という言葉を普段どういうときに使っていますか。

・プレゼントをもらったとき。

〇何かをしてもらったり，ものをいただいたりしたときに「ありがとう」という言葉を使うことが多いですね。では，それ以外の「ありがとう」を教材の中から探してみましょう。

・何もしてもらわなくても「ありがとう」があった。

・「ありがとう」って，「された側」だけでなくて「してあげた側」にもありそうだ！

〇え⁉　どういうことですか？

・だから……。

〇そのような「ありがとう」を言いたい人がみなさんの身の回りにもいませんか。

〇そのような「ありがとう」が増えたら，どういう世の中になると思いますか。

どうでしょう？　子どもたちの想像の世界に身を委ねてみませんか。

2章　「考え，議論する道徳」に変える　指導の鉄則50 63

20 導入の発問では知的好奇心を揺さぶる

導入時の発問はどのような役割があり，どのように提示すると効果的でしょうか。

肝心なことは，いかに本時のテーマを子どもたち自身の問題意識に変えられるかです。

1 子ども自身の道徳的な「問い」を生むための3パターン

①教師提案型……既習事項に対する揺さぶり
　「あれ⁉　知っているつもりだったけど，分からなくなってしまった！」
②児童主体型……「アンケート」や「日記」などで拾い上げ，子どもの意識を喚起する
　「友達と仲直りしたい。どうしたらいいのかな……」
③児童主導型……子どもの日常体験を充実させ，そこから生まれてくる問題を取り上げる
　「先生，これはどういうことなのかな？　今度話し合いをしてください」
　「先生の考えを聞かせてください」

2 知っているつもり（一般常識）をひっくり返す

友情に関する授業をしたとき，こんな日記を導入で使ったことがあります。

「ないていた女の子」

朝，私が体育着に着替えて，運動場に行こうとしたとき，クラスは違うけれど同じ1年生の女の子が中央玄関でないていました。遅刻しちゃったみたいです。こんなときって，ずっとやさしくして（あげて）いるのと，（だまって）見ているのとどっちがいいのですか？　コメントを2つ書いてください。

（1年　U子）

これはなかなか多様な問題を含んでいます。

まず，仲間の手伝い（親切）をするべきか，クラスの集まり（約束）を優先すべきかという問題。けれどU子さんはそこには重きを置いていません。この1年生に手を出していいかどうかを迷っているのです。

これは，やさしさとはかいがいしくあれこれ手助けしてあげることなのか，それとも厳しさもやさしさなのか，という道徳的なテーマを包括しています。

普通なら「困っている友達がいたらやさしくしてあげましょう」で終わってしまうところを，じっくりと考えるきっかけとなるでしょう。

ポイント

・導入の5分で，子どもたちの問題意識を刺激し，呼び覚ましましょう。
・「当たり前」を見直すための，論理的・批判的思考を身に付けましょう。
・子どもの作文やエピソードを使うとより一層切実感が増し，子どもたちの構えが前向きになります。

2章　「考え，議論する道徳」に変える　指導の鉄則50　65

21 展開部分の発問では じっくりと考えさせる

中心発問は物語のクライマックス部分で登場人物の気持ちを聞くことが多いように思いますが、どうしても時間が足りなくなったり、深まりに欠けたりすることがあります。どのような点に気をつけたらいいでしょうか？

・発問は多ければよいというものではない
・気持ちを聞かなくてもよい
・クライマックスにこだわらない
など、もっと柔軟に考えましょう。

1 時間設定を多めにとる

　発問は3つが基本などと言われることもあるようですが、本時のねらいに直結する道徳的テーマにつながる発問は1つで構いません。要は、そこにいかに時間をかけられるかです。発問を精選し、何を聞くかをよく考えましょう。

　例えば、「いつだれが何をした」的な発問は、容易に省略することができます。「登場人物のAは最初と最後で友達に対する考え方がどう変わったか」を聞けば、「最初は○○だったのが、Bによって□□ということに気づき、最後は◎◎になった」というように、自然に展開を把握しながら深い気づき

にいたります。

2 問い返しの引き出しをたくさん用意する

　そのような気づきを得て登場人物の心に共感できた（と思った）ところで,問い返しをします。これがじっくり考えさせる授業の肝です。例えば次のような感じです。

「二わのことり」　○教師の投げかけ　・子どもの反応

○うぐいすの家とやまがらの家の違いは何ですか。

・うぐいすの家は楽しい,やまがらの家はやさしい感じがする。

○みんなが仲よくしているのはどちらですか。

・うぐいすの家。

○では,うぐいすの家の方がみんなが仲よくして楽しいということ?

・そうだね…え!?　でもそれでいいの?　う～ん……。

　この,「う～ん……」が大事ですね。

　これがじっくり考えさせるということです。人間,分かっていること,自分の中で処理できていると思うことには思考を働かせません。口先だけで答えます。だからすぐに発言できるし,一見活発な意見交流となります。けれど,分かっているつもりで分かっていなかったことに直面すると,初めて考え,黙り込みます。一瞬教室がし～んとしてしまうこともあります。この「し～ん」は教師が恐れることの1つではないでしょうか。しかし,子どもたちが本気で考えている場合,その沈黙を恐れてはいけません。私は,子どもたちが調子よく口先で答えているように感じるときは,どういう発問をしたらこの子たちを「う～ん」と黙らせられるだろうか,という発想で発問をつくりだすこともあります。

　本当に子どもたちに考えさせたいことを見極め,時間をかけましょう。

2章　「考え,議論する道徳」に変える　指導の鉄則50　67

22 問い返しの発問で新しい視点を与える

問い返しの引き出しをたくさん用意するということですが，具体的にはどのようにすればよいのでしょうか。

ここでは，
・問い返しの引き出しの増やし方
・引き出しの使い方
について説明しましょう。

1 引き出しの増やし方

　問い返しは厳密には補助発問とは違います。補助発問は子どもたちの理解を促進させ，主発問を考えやすくするための発問でしょう。あらかじめいくつか用意しておき，子どもたちが行き詰まったり，し〜んとなったりしたときに次の一手として打つ発問です。

　それに対して問い返しは，子どもたちの言葉を受け止めたうえで，さらにその発言から発展させるために行うものです。主発問に向かってより多面的・多角的に深く考えさせるという点では同じですが，子どもの言葉を紡いでいくというイメージです。

　ですから，子どもたちが発言しやすくなればなんでもよいというわけではありません。逆に，子どもたちの発言の甘いところに突っ込みを入れて，うっと詰まらせたり，もっとじっくり考えさせようとする意図があります。本質に向かって深めていくということです。そのためには，指導者も内容項目

を構造的にきちんととらえておかなければなりません。

　問い返しは，「テーマ発問」のように，授業全体で目指す方向が共有されているときに併用するのが効果的です。大きなテーマに向かって子どもたちに話し合いを進めさせていくときに，同じ方向性だけれどちょっと違う観点から考えられるきっかけとなる具体的な問いが問い返しです。いわゆる多面的・多角的な視点を与えるということです。

2　引き出しの使い方

　引き出しが増えてくると，どうしても全部使いたくなるのが人情です。けれど，それでは子どもたちに考える時間を保障してあげることができません。乱発せず，必要なときにはタイミングを逃さず，使いたいものです。

　熟達してくると，そのときの子どもたちの発言を受けて，あらかじめ用意したものではなく，その場で問い返しが思い浮かんでくるようになります。こうなったらしめたもの。子どもたちはますます食いついてくることでしょう。

　これが「一期一会の道徳授業」，目の前の子どもたちとつくる道徳授業です。教師たるもの，いつかは自分にしかできない授業をしてみたいものです。その可能性を開いてくれるのが，その場でつくる問い返しです。

ポイント

・あくまでも本質に向かって深めていくという原点を忘れずに。

・問い返しの乱発は混乱を招きます。

・子どもの言葉を受けて，問い返しましょう。実際の子どもの発言を使って問い返してあげるのがいいでしょう。

・教師自身が子どもとともに考える姿勢をもちましょう。すると，自然に子どもの言葉を受けて，考えてみたい問いが生まれるかもしれません。それこそが，究極の問い返しです。

23 閉じた発問を開かれた発問に変える

これまでの発問を、深く考える開かれた発問にするためには、どんなところに気をつければいいでしょうか。

イエスかノーかで即答できない発問を考えましょう。これは子どもたちにとっても易しい発問ではないけれど、結果的には優しい発問です。

1 易しい発問

　授業の中で意図的に発問を使い分けて「実験」してみることがあります。発問によって子どもたちは様々な反応をします。例えば、こんな感じです。
子ども「今日の授業（発問）は簡単だったよ」
教　師「なんで？」
子ども「だって、書いてあることを言えば（見つければ）いいんだもん」
　いかがでしょう？　答えやすい発問は、一見子どもたちを活性化させます。道徳の授業に乗ってきていないと感じるようなときや、そのような子どもがいる場合は、このような発問も効果があるかもしれません。「易しい発問」です。ですが、これは本質ではないです。授業中、ずっとこの類いの発問を繰り返すと、子どもたちに次のようなことを言われてしまいます。
　「今日の授業（発問）は簡単だった。簡単だとあまり深く考えられない。もっと考えたい」

「今日の授業は，なんだか馬鹿にされているみたいだった」

これは，私が担任した６年生に実際に言われた言葉です。

「易しい発問」＝「答えやすい発問＝「答えが見える発問」＝「答えが限定された発問」＝「閉じた発問」です。

2 優しい発問

次に紹介するのは，４年生の感想です。

> 　先生が絵を書いて説明したり，質問したりすると，私には想像しやすいので，うれしかったです。「この人とこの人の違いは？」と聞かれ，私も対比するけれどたまに分からないこともあるので，難しかったときもありました。でも，よく考えることができました。

子どもたちは，難しいことがいやなのではなく，自分で考える方法が分からないから難しく感じ，それがいやなのです。その手立ての１つが，可視化・対比です。

道徳の授業は「何を言ってもよい」とよく言われますが，実際は教材の終末が結論になっているなどということはないでしょうか。「開かれた発問」の場合は，「Ａと言った人とＢと言った人がいますね。ＡとＢの違いと共通点を教えてください」というように，子どもたちの発言すべてが材料になります。

はじめから子どもたちに調子を合わせることなく，「え⁉　どういうことだろう？」とハードルを上げ，けれど授業中に「あ，分かった！」というところまで持ち上げる。これができれば，子どもたちはきっと「もっと考えたい」「先生，もっとやろうよ」になるはずです。これが結果的に「子どもたちのためになる」＝「子どもたちに優しい発問」＝「考えれば考えるほど世界が広がってくる」＝「開かれた発問」です。

2章　「考え，議論する道徳」に変える　指導の鉄則50 　71

24 板書の役割を押さえる

深く考える授業にするために,板書はどのように変えればよいのでしょうか,変わるべきなのでしょうか。従来の板書との違いを明らかにしながら教えていただけると幸いです。

基本は,黒板を教師の都合で情報伝達板にするのではなく,子どもたちの思考を広げ深める手助けをするサポート板にすることです。

1 板書の役割

板書の役割は一般的に次のようなものが考えられます。
①**共通のステージとして**
・学習内容のポイントを提示し,共有する……ねらいに沿った伝達機能
・問題や教材を提示して共通の土俵をつくる……話し合いの活性化
・学習内容全体を俯瞰してふり返りがしやすいようにする……思考のまとめの補助
・記録として形に残す……ノートまとめの補助
　加えて,次のような役割をもたせましょう。
②**個に応じるツールとして**
・個人差,能力差に対応する……視覚化することでの特別支援的配慮

・一人一人が自分の意見を書き込み，意見交流をする場として活用する
　……活動の保証

2 新しい板書スタイルのポイント

　これからの道徳授業改善として板書を通して授業を変えたいと思うのであれば，次の点にチャレンジしてみるとよいのではないでしょうか。

①テーマを真ん中に掲げ，適宜図や記号，色チョークを駆使しながら板書をつくりあげる

　その際に留意したいことは，「縦書き，右から左」にこだわらず，横書きであったり，真ん中からはじめて行ったり来たりするような，自由な発想で板書をつくりあげる意識です。

②観点を共有したら，その観点をもとにして子どもたちに発想させ，板書に参加させる

　板書計画をきっちり立てると，どうしても子どもたちの入る余地がなくなります。そうではなく，あらかじめ子どもたちの発想を書き込ませて仕上げるというイメージで，「立ち入る隙のある板書計画」を立てることです。

　黒板も子どもたちの主体的な学びのためのツールです。一定のルールを押さえたあとで，潔く子どもたちに明け渡しましょう。きっと思いもしない世界が発見できますよ。

2章 「考え，議論する道徳」に変える 指導の鉄則50

25 構造的な板書で理解を助ける

深く考える授業の板書は，どのようなものになるのでしょうか。

黒板は，子どもとともに思考を深めていくツール，共通の土俵みたいなものです。構造的理解を深める図式化がオススメです。

1 構造的な板書とは

　それぞれの内容項目は，単体で成り立っていることはありません。親切を行うためには相手を思いやる心が必要ですが，その心を具現化するためには勇気を出さねばなりません。
　礼儀正しさがなければ，例え親切な行為をしようとしても，相手が心を許してくれないかもしれません。そう考えると，親切という内容項目がそれ単体であるわけではないことに気づきます。そのような親切な行為・行動にいたる経緯を図式化したものが，価値の構造化です。それは，深い内容項目理解に直結します。教材研究にも役立ちます。

2 構造的な板書の具体

　例えば,「親切,思いやり」の6年生の授業で,下のような板書を書いたことがあります。

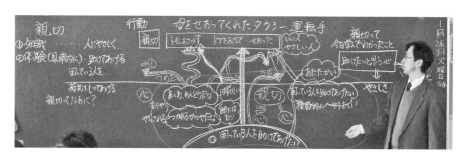

　これは,下のような親切に関する価値を構造的に理解したものを,授業レベルの板書に落とし込んだものです。同じ親切な行為・行動でも,そのもとの心が違うと,内包する価値も大きく違ってくるということを考えさせるにはうってつけです。同じ親切という行為・行動であったとしても,その行動を起こす本となった本質的な心の動きは何だったのか。それを図式化しながらとらえ,板書に生かす。これが価値の構造的理解に基づく構造的な板書です。

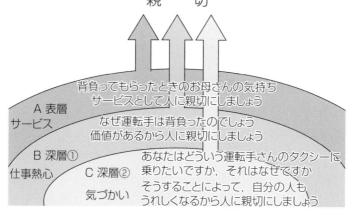

26 従来の板書をチェンジする

道徳授業の板書は,場面絵があってその絵に合わせて登場人物の気持ちを聞く発問を添えていくというのが一般的なイメージですが,それでいいのですか?

深く考える道徳授業の板書は,子どもたちが真剣に考えることができるようなサポートができればいいわけで,従来型にこだわる必要はありません。

1 場面発問型の板書とテーマ発問型の板書

①従来の板書

道徳の従来の板書は,上の写真のように,話の流れに合わせて右から左へと展開します。教材の内容を把握し,共感するという目的の授業においては効果的な板書です。一方で,最初からゴールが見えており,あらかじめ期待される答えに向かって「分かりきったことを言わせたり書かせたりする」と

いう問題提起もなされています。板書も，あらかじめ用意された発問や場面絵，結論を提示するような役割が強くなり，「価値注入型」などと揶揄されることもあります。

②テーマ発問型の板書

　テーマ発問型の授業の板書は，掲げたテーマに対して子どもたちが教材の内容をきっかけとして，さらに書かれていない観点をみつけたり，自ら書き込んで意見交流をしたりします。そのため，板書の自由度が高くなります。その分，その場勝負の要素が強くなり，指導者が明確なねらい設定をもっていないと落ち着きどころがなくなる可能性があります。子どもたちにとっては，自分たちでつくりあげた板書，考えついた結論という意識が強くなり，学習成果を自分のものとして獲得しやすくなります。結果として，授業後の主体的な実践意欲へと結びついていきます。

2　あくまでも子どもたちの発想の一助として

　縦書き，横書きにこだわる必要もありません。登場人物の意識の変容を，ストーリーを追いながら押さえたいなら右から左へ縦書きで，時系列で図式化したいなら左から右へ横書きで，というように自由に使い分けましょう。何よりも重要なことは，子どもたちが授業を通して，道徳性の高まりや広がりを自らの気づきを通して獲得できるかにあります。そのために必要なことをしましょう。

27 子どもに黒板を開放する

板書は，板書計画をきちんと立て，なるべくその計画通りに黒板を書いていけばいいものなのでしょうか。

そんなことはありません。もちろん計画を立てることは必要ですが，それに固執せず，子どもたちの発想を生かそうとすると，思わぬ収穫物に出会うかもしれませんよ。

1 道徳の特性？

　算数だって国語だって，子どもたちは黒板に出て問題を解いたり，書きながら説明したりしますよね？　どうして道徳はそれをしないのでしょうか。そのあたりに道徳に対する固定観念があるような気がしてなりません。しないのではなく，してもいいとは思ってもみなかった，そんなところではないでしょうか。

　なぜでしょう。おそらく，道徳ははじめから分かっている，道理を再認識するという性質が強いから，子どもたちが黒板に書きながら考え，発見していくというステップが踏みにくいという意識があるのかと思います。

　「道徳に答えはない，何を言ってもよい」と言いつつ，実は答えも言うべき内容も決まっている，黒板はその決まっている内容を整理して提示することが目的だというのであれば，随分おかしな話です。

2 なぜ子どもたちは，黒板に出て書くのか

　以前，授業中に私がそらっとぼけて，「ああ，こういうことね」などと，軽く受け流したら，子どもたちがムキになって「違います」「口で言ってもうまく伝わらないので，先生，黒板に書いて説明していいですか!?」と言ってきたことがあります。

　「どうぞどうぞ」ということになって，一人の子どもが図を描きながら説明をはじめました。「ああ～，そういうことか」聞いていた子どもたちも，私も，ストンと落ちました。この学級では，それ以来，黒板に書きながら考えるという文化が定着しました。

　教師が多面的・多角的にみる観点を示したうえで，「この観点から考えたとき，『教科書には書かれていないけれど，こういうこともあるのでは』という発見ができた人，黒板に出て書いてください」と言って，「書ける人どうぞ」と促します。しばらく周囲を見て様子をうかがっていた子どもたちが，パラパラと黒板に向かいはじめます。すると次第に，下の写真のような状況になります。

　あとは子どもたちの「板書作品」を見ながら，補足説明や意味づけをすればいいでしょう。それを見ながら，子どもたちは新たな気づきをふくらませていきます。

　黒板は，子どもたちが自分たちの想像の世界を広げるためのサポーター。たくさんの可能性を秘めた，マルチボードです。

2章 「考え，議論する道徳」に変える　指導の鉄則50

28 教材内容や授業展開に応じて板書を使い分ける

板書の仕方はいつも同じというわけではないと思います。どのような使い分け方がありますか？

もちろん違いますね。
教材によっても違いますが、内容項目によっても変わってきます。ここでは内容項目別の板書の特徴について話しましょう。

1 価値の構造化を図る板書

これは規則の尊重（「シンガポールの思い出」文溪堂）の板書ですが、このように、規則を守るという行為も、「罰金が嫌だから」という外圧的なものと、「自分の意志で」という内発的なものに分けられます。これが価値を構造的に理解させるときに使う板書の図式例です。

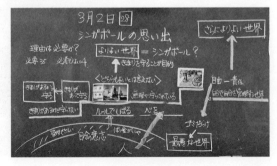

行為・行動を起こす大本（おおもと）の心を考えさせることで、よりよい社会の構成員として、自ら主体的に参加しようとする価値観がみえてきます。

2 多面的・多角的な視点を意識した板書

これは、節度・節制（「ぼくのたからもの」光文書院）の授業の板書です。物の価値を様々な視点から考えさせるために、子どもたちが見つけた観点をもとに思考を広げさせます。

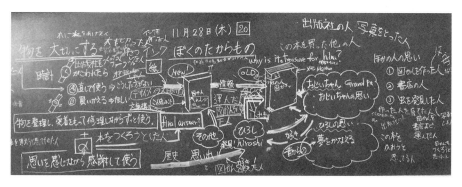

次に、努力と強い意志（「おりがみめいじん」光文書院）の板書です。先生に頼まれた折り紙を折るためにどのような道のりを歩んだかを考えさせることで、こだわりをもって工夫することや、毎日少しずつ積み重ねていくことなど、努力の意味を多様な観点からとらえることができます。

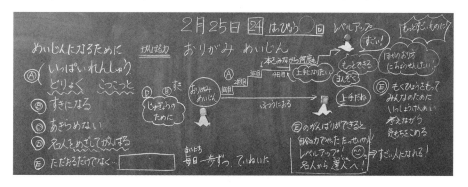

2章 「考え、議論する道徳」に変える 指導の鉄則50 | 81

29 道徳ノートを活用する

　最近，道徳ノートの実践を聞くようになりました。道徳が教科になるから他の教科と同じように道徳専用のノートを作った方がよいということでしょうか。それとも他の理由があるのでしょうか。

　結論から申し上げますと，道徳ノートは必要です。
　教科になるからではなく，ノートの機能を生かすことで，道徳の学習効果がより一層高まるからです。私は十数年来道徳ノートを子どもたちに使わせていますが，様々なメリットを感じています。

1 ノートが担う役割

　ノートの役割は一般的に次のようなものが考えられます。
　記録：学習内容のポイントをきちんと残しておけます。
　蓄積：既習事項の記録を積み重ねることで次へのステップが見えてきます。
　練習：練習とは，書くこと自体の練習だったり見やすくまとめる練習だったりします。また，繰り返し書くことによる効果もあります。それは，見直しだったり，再確認だったり，自らの考えの整理だったりします。
　発表：課題となるテーマについての考えや思ったことを書くことで，授業中に発言できなかったとしても，子どもたちにとっては自分の意見を表現し

たことになります。これも立派な発言です。

　思考：考えを文字にするという作業は，単に覚え書きというレベルではなく，思考の再構築を促し，新たな発想を生み出したり，「自分の考えていたことはそういうことだったのだ」と再発見があったりする，非常に重要な活動です。

2　道徳ノートの特質

　つなぎ：授業が終わったからといって学習が終わるわけではありません。むしろ，そのあとの自主的・自覚的な学習にどのようにつなげられるかが重要です。復習，予習という学習活動は，他教科では当たり前のように進められますが，道徳では聞いたことがありません。むしろ，「事前に教材を読ませておくなんて感動が薄れるからダメ」といった意識でしょう。私は道徳でも宿題を出すべきだと思いますし，あらかじめ教材について考えてきてから授業でさらに考えることもよいと思います。なぜなら，「深く考えるに値する『問題（命題）』が，たった１時間の授業の中でそんなに簡単に解決するはずがない」からです。こう言ってしまうと，「では，道徳の授業は必要ないのか」ということになってしまいますが，そうではありません。道徳の授業があるからこそ，考える主体である子どもたちが育ち，そのような子どもたちだからこそ，授業が終わっても考え続ける主体となり得るのです。そしてそのような子どもたちには，つなぎとしての記録媒体，つまり道徳ノートが必要になってくるのです。

　評価：教科化に伴い，どのような評価をするのが適切なのかが注目されています。当然のことながら，「評価のための評価」ではいけません。評価と指導は一体であるべきです。ここでも道徳ノートが力を発揮します。子どもたちの記述から，学びの成果，意識の変容，これからの実践意欲の高揚などを見取ることができます。そうすることによって，本時の手立ての有効性や課題を見直すことができます。これらがすべて評価といえます。

2章　「考え，議論する道徳」に変える　指導の鉄則50　83

30 道徳ノートの様々な役割を整理する

道徳ノートは，他の教科のノートと比較して，どのような違いがあるのでしょうか。

道徳の授業ノートのみならず，道徳教育として，他教科・他領域・日常生活へのつなぎとしての役割がぜひとも必要です。

1 道徳ノートの意義

道徳ノートについて子どもたちに聞いてみました。

- 自分の考えをノートにきちんとまとめられたので，いつでもふり返ることができます。大人になったときにふり返って，もう一度道徳について考えてみたいです。
- ノートをまとめると，「○○の大切さ」をふり返ることができます。家で見てもそうです。

このように，道徳ノートにまとめることによって，授業での学びを常にふり返りながら生活に生かすことができるようになります。家庭や地域で，時と場を変えて改めて考え直すことによって，思考が再認識され，補充・深

化・統合されます。また，実生活場面では試行ができるので，授業でよいと思ったことを実際の場面でやってみる，その結果から実感を伴う学びにつながるという好循環が生まれます。まさに，授業と実生活をつなぐ，貴重なツールと言えるでしょう。

2 道徳ノートを評価に生かす

　道徳ノートがあることで，「授業内の評価」と「授業後の評価」の両方を効果的に行うことができます。

　授業内の評価は，子ども自身が何を学んだのか，そこからどのような気づきを経て実践意欲を高めることができたかを見取ることです。これは指導者ももちろんですが，子ども自身にもさせるべきでしょう。それを感想やまとめとして書かせます。子ども自身が自らの学びをまとめることで，自分自身の評価を客観的に行うことができます。

　次に授業後の評価ですが，道徳ノートがあることで，家庭に帰ってからもさらに考えを補充・深化・統合させることができます。授業で学習したことをもとに実生活での自分自身の行動を改めて考え直してみたり，実際に行ってみて実感を通した学びを得たりすることができます。それをまた道徳ノートに記入します。自然に道徳ノートは学びの履歴書となることでしょう。

　教師はそれらの子どもたちの変容を，「一単位時間内」「複数時間内」「実生活をも含めたおおくくりな視点」と様々な観点から見取ることができます。いわゆるポートフォリオ評価，エピソード評価と言われるものもその中に含まれることでしょう。

　一人一人の成長の記録として，「宝物」になることでしょう。

2章　「考え，議論する道徳」に変える　指導の鉄則50

31 最低限押さえるべきことを書かせる練習をする

道徳ノートを作りたいと思っています。ノートには何を書かせればいいでしょうか。

なるべく自由度がある方がいいですが，少なくとも授業の学びの足跡と，それを受けた自分自身の思いをきちんと書かせるようにしましょう。

1 道徳ノートに書かせる項目

　私は1年生から6年生まで道徳ノートを取り入れていますが，基本的にどの学年も同じ，5ミリ方眼を使わせています。ワークシート，大学ノート，無地ノート，いろいろ使ってみましたが，文字も図も記号や表も書きやすいという点で，今のノートに落ち着いています。書かせることは基本的には，以下の7つです。

1．日付や授業回数，発表回数
2．タイトル
3．主題名や本時のテーマ（課題）
4．テーマに関わる子どもたちの授業前の意識（反応）
5．授業中の板書や友達の意見，自分の気づき
6．授業後半の意識の変容
7．授業後の自分の生活に重ねた見通し，希望，前向きな行動意欲

2 何よりも,自分自身の思いを書かせる

　形式的な記入事項はともかく,何よりも大切なことは,いかに子どもたちが自分自身の問題としてとらえ,どれだけ自分の気づきをまとめたり,感想を書いたり,今後の生活につなげるような見通しをもったりできたか,そしてそれをノートに自分の言葉でまとめているかです。

　下の写真は2年生の道徳ノートです。9月のものですから,入学してちょうど1年半が経ったときのノートです。

　もちろん,授業中にここまで書く時間を確保することはできません。例え時間確保ができたとしても,書けないかもしれません。家に戻り,改めて考え直し,練ったうえでこそ書けることもあるでしょう。何より重要なことは,子どもたちが「これに気がついた！　書きたい!!」と思うことができるような授業をすることです。

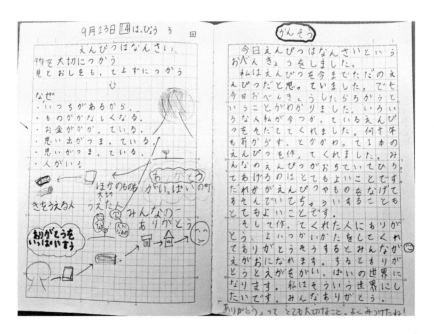

32 道徳ノートには自分の思いと考えを書かせる

どういう点に気をつけて指導したら子どもたちは自分の思いや考えに気づき，ノートにまとめられるようになるのでしょうか。

基本的なポイントを書かせ，次第に自由度を増やしていくといいと思います。

1 「思い」と「考え」を意識して書き分けさせる

　まず，本時の学習のまとめとして授業の終末で，はじめて気づいたこと，分かったこと，いいなあと思ったこと，これからやってみたいと思ったことを書かせます。

　気づいたこと，分かったことは，最初と最後の自分の意識の変容を比べさせる中で，客観的に書かせます。（考え）

　いいなと思ったこと，これからやってみたいと思ったことは，一人の人間としてよりよく生きようとする心の動きを素直に書かせます。（思い）

本時のテーマ（問題）を書かせ、何を考えるのか、学ぶのかを明確に。

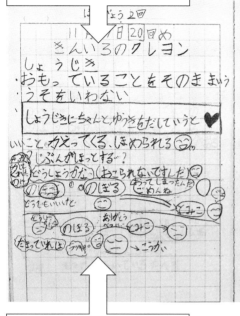

視覚化・図式化させることで、自分の考えでノートを仕上げる自由度をアップ。

感想は単なる印象発表ではなく、自分の意識の変容をメタ認知的に見つめさせる。

ポイント

・道徳ノートの役割を意識して、子どもたちの自由な発想を開花させるツールとして効果的に活用しましょう。
・学習のポイントは明確に示し、最低限押さえるべきことはきちんと書かせる練習をさせましょう。
・授業中だけでなく、授業後も自由に書き込みができるような「自由度のある、つなぐ」使わせ方をしましょう。

33 ワークシートと道徳ノートを使い分ける

授業でワークシートを使うことがありますが、道徳ノートとの違いはどこにあるのでしょう。
どのように使い分けたらいいのでしょうか。

それぞれのメリットを把握し、使い分けることが必要でしょう。

1 それぞれのメリット

①**ワークシートのメリット**
・指導者の知りたい観点に絞って子どもの意識を把握することができる。
・回収,保管が楽。

②**道徳ノートのメリット**
・子どもたちが自分の発想で思い思いのまとめをすることができる。
・前時からのつながりや,授業以外の時間での気づきを拾うことができる。
・自由度が高い分,予想以上の反応を得ることができる。

2 道徳ノートだからできること

道徳ノートのメリットは、なんといっても自由度があることです。子どもたちの自ら学ぶ構えができればできるほど、ノートの使い方も多様になります。右のノートは4年生女子のものですが、授業中の記録や気づきを

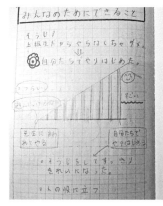

左にまとめ、右側のページに感想をたくさん書いています。このように書きたいことがあるとその思いを自分なりのスペースやレイアウトで書くことができるのです。さらに、そのような思いが膨らんでいくと、道徳の授業を起点として、そのあとの学習活動・生活の質が拡充していきます。例えば、次のような発展学習をする子どもがいました。

　私は今、私が住んでいるマンションである実験をしています。それは「あいさつ実験」です。いつもエレベーターで会う女の人がいるのですが、その人となんとか和みをつくろうと思っています。道徳の授業で、あいさつの学習をしたこともきっかけになりました。

（6年H）

Hさんは、授業で学習したことをなんとか実生活で生かしたいと思い、「実験」をはじめたというのです。このような事後活動は、ノートがないと見取ることができませんね。ポートフォリオ評価にも直結する、一人一人を見取る大事な材料として、欠かせないものです。

34 全体での話し合いを授業の中心に据える

話し合いの形態はペアだったり，四人グループだったり，全体だったりいろいろあると思いますが，どのような使い分けが必要でしょうか。

1つにくくることはできませんが，ペアは課題に対して自分なりの考えをもつときに，四人グループは互いの意見交流のために，全体は本質的な押さえを共有するときに使います。

1 一斉授業を見直す

　私は，道徳授業の醍醐味は，クラス全体での一体感の中にあると思っています。いろいろな学習形態を試してきましたが，最後は全体指導で終わりたいです。もちろん，全体の中で埋もれてしまう子どもがいるのでは困りますが，一人一人が発言するしないにかかわらず，つぶやいたり，ノートに書いて考えたりしながら，でもみんなで同じ方向に向かって頭を寄せ合っているような学級，授業。そうでなければ，クラスみんなで授業をする必要がないですよね。

2 ALL FOR ONE, ONE FOR ALL

　2年生の生命尊重の授業をしたときでした。はじめに私が黒板に『いの

ち』と書き，「これに言葉を付け足して」と一言だけ投げかけたことがあり
ました。

　子どもたちの発言がすごかったです。授業記録から紹介します。

れいあ　「いのちの『い』は生きるってことでしょ，だからいのちは生
　　　　　まれたらその大切さが分かる」
けいた　「え!?　どういうこと？」
加藤　　「いのちの大切さは，生まれたら分かるか，すごいな。先生は
　　　　　そこまで思いつかなかったなあ」
けんしん「うん，いのちの『い』は生きるでしょ，『の』は伸びる！」
ゆうと　「あと，のりこえるとか」
けんしん「『ち』が分からない…」
このあたりから，大勢の子どもたちが三々五々手を挙げて言いはじめる。
「『ち』は力！」「『血』が流れている」
「生きる伸びる力！」
加藤　　「『生きる伸びる力』か，よく見つけた！　授業終わり!!」

　この躍動感，伝わったでしょうか？

　大人でも思いつかない発想，いや，子どもだからこそなのでしょうか。そ
れも，一人では到底行きつかないところへ，四十人の子どもたちはあっさり
と到達しました。その時間，２分30秒。

　もちろん，「生きる伸びる力」と言えたから何だ，という指摘はできます。
結局は，45分かけて「命は大切」と最後に子どもたちに言わせる授業と，冒
頭の３分で「生きる伸びる力」と言いのけた子どもたちと残りの42分の授業
でもっと深めていく授業，どちらの授業がしたいかという話かもしれません。
私は，子どもたち全員と考えを共有したい。断然後者です。

　ちなみに，こういう授業場面，けっこう出くわすんです。

2章　「考え，議論する道徳」に変える　指導の鉄則50　93

35 短時間で行えるペアでの話し合いを有効活用する

「ペアトーク」をうまく活用するために大切なポイントって何でしょうか。

形だけのペア学習は，一見学級がアクティブになる気がしますが，効果はあまりありません。何事も適材適所です。

1 ペアの意味

　教室で隣り合わせに座った仲間，友達同士。これでは学びのペアとしては不足です。仕事柄，様々な学級の「二人組の関わり」を拝見しますが，そのタイプは大きく3つに分けられます。

　1つ目は，教師に「隣同士で話し合ってください」と言われてすぐに話し合いをはじめる子どもと，個々にノートに何かを書きはじめ，なかなか話し合いをはじめようとしない子どもが混在している学級。

　2つ目は，全員がぱっと話し合いをはじめる学級。

　そして3つ目は，子どもたちが勝手につぶやいたり，「先生，考える時間を3分ください」などと言いながら，隣同士で話し合ったりしている学級です。

　1番目と2番目の学級は，ペアの意味を分かって行っているならOKですが，そうでないなら時間の無駄になることがあります。ペアの意味はいろいろありますが，自分一人だと袋小路にはまってしまう思考回路の閉塞感を打

開してくれる価値ある隣人として，互いに認め合い，必要とし合っているか
が第一だと思います。そのためには，「ペアがいてよかった体験」をさせて，
意味と価値のある学びを実体験させながら（学級経営をしながら），学習指
導をすることです。

2 ペアのつくり方

　隣同士を機械的に話し合いのペアにするだけでは効果は期待できません。
ペアトークの効果をあげるペアをつくることが重要です。
　そのためには，次のようなステップを踏むとよいでしょう。

---

①考えたいと思うテーマをきちんと与える。
　「どういうことだろう，これまで思っていたことと違うぞ」
②一人で考えをまとめる時間をとる。
　「わかった！　こういうことかな」
③個人の考えをもとに，隣同士で話し合う時間をとる。
　「友達はどう思っているだろう，隣の人に聞いてみたい」
④話し合う時間を確保したら，話し合いの内容とともに話し合ってよか
　った点を出させる（基本的に全ペアに言わせる）。
⑤ペアがいることでどれだけ自分の学びが促進されたかを教師がフィー
　ドバックする。
⑥もっと大きいグループでの話し合いやまとめにつなげる（最終的には
　学級全体での話し合いになるべき）。

　何より大事なのは，ペアトークが目的ではなく，自ら抱えている問題に対
して答えを見いだすために貴重な「同志」であるという認識をもたせること
です。最終的には学級全体としての学びにまとめあげる意識を指導者がもつ
ことです。

2章　「考え，議論する道徳」に変える　指導の鉄則50 95

36 グループでの話し合いで思考をアクティブにする

少人数グループでの話し合いを取り入れた学習活動を効果的に行うポイントを教えてください。

道徳の授業でも，アクティブ・ラーニングや主体的な学びの一環として実践されることがあるようですね。一斉指導では徹底できないから少人数でというような発想ではうまくいきません。

1 一斉指導と個別指導

　一斉指導には一斉指導の，少人数指導には少人数指導のメリットがあります。少人数の方が，個の発言や活動の時間や質を確保しやすいと思われがちですが，あながちそうとも言えません。なぜなら，グループでばらけさせるということは，それだけ目が届かなくなる，指導がいきわたらなくなる可能性が大きくなるということであり，「グループ格差」が出る場合があるからです。
　ですから，グループ学習を行う場合は，互いに意見交流をして高めあうことができるグループをつくっておくことが前提です。そのためには，事前に，必要なことは全体指導で共有させるべきですし，グループ学習で終わらせずに，そのあと全体での確認作業が必ず必要です。トータルでの効果を考えていきましょう。

2 道徳授業におけるグループ学習

　道徳授業におけるグループでの話し合いは，生活指導の一環でもなければ，話し合いのための学習訓練でもありません。同じテーマに向かって多面的・多角的な観点から異なる意見を交わし合い，最終的に一人では到達しえない気づきや分かりを得るために行うものです。ですから，慣れるまでは指導者が仕切って構いません。はじめから子どもたちの自主性に任せ，自治能力を育てるというところに目的があるわけではないのです。次のようなステップを踏むとよいでしょう。

①まずは一人で考えさせ，自分なりの見解をもたせる。
②グループになり，順番に「聴き合い」をさせる。
③聴いたら必ず自分の考えと違うところでよいと思ったことを発表するようにさせる。
④一回りしたら，グループ全体で自由討論をさせる。
⑤全体での話し合いをもち，グループ間の共有をする。
⑥最後に必ず指導者が補足，意味づけ，まとめを行う。

ポイント

・「話し合いのための話し合い」にならないようにしましょう。
・異質の他者がいることを肯定的にとらえさせましょう。
・グループ活動だけで終わらず，必ず「思いの共有」をさせましょう。
・最後は教師が責任をもって指導・フィードバック（活動から得られた知見のまとめ，足りないところの補足，子どもたちの発見・発言の意味づけ）を行いましょう。

2章　「考え，議論する道徳」に変える　指導の鉄則50　97

37 「ぎもん」を大切に 白熱教室をつくる

議論する道徳授業のイメージを知りたいです。白熱教室にあこがれますが，あんな感じでしょうか？

授業参観された先生に，「白熱教室みたいですね」と言われたことがありますが，残念ながらイメージがないので分かりません。が，たしかに白熱すべきところはあるでしょう。一方で，ただ白熱すればよいというわけでもありません。

1 結果的に白熱するだけの話

「議論する道徳」と言っても，「議論のための議論」ではないように，白熱することを目的とするわけではありません。例えば，「友達のミスを許すか許さないか」というテーマを掲げたとします。これだけでも充分に話し合いは盛り上がります。けれど，白熱はしません。ここに具体的な状況を付加して，「友達が謝っても許さないか，許すか」と問えば白熱するかもしれません。「謝れば許すのか」「謝り方の問題だ」等々。けれど，道徳に関係ありそうな話題だったら何でもいいから盛り上がればよいというわけでもありません。その類の「白熱」は不毛な争いになる場合があります。要は，本質に向かって深い学びができればよいわけです。

2 「ぎもん」を大切に

4年生が，道徳の授業について次のような感想を書いてくれたことがあり

ます。

> いつもなら考えてもいないものをやり，その人の気持ちなどが考えられた。あと，先生の授業は，「ぎもん」をもってくるので分かりやすいし，よく考えられる。道徳は頭で考え，発表することで，考える力が身につくと分かった。

　普段は当たり前すぎて考えようともしないのが道徳的なことではないでしょうか。けれど，よくよく考えてみると，「あれ？　どういうことだろう？？」という「ぎもん」が湧いてくることってたくさんありそうです。
　例えば，先ほどの「許す」ということに関しても，次のように考えることもできます。「相手が謝ったら許す」が道徳的なゴールだとしたら，「謝って許されるなら警察はいらない」はあり得ないということになりますよね？そもそも許されればすべて解決なのでしょうか……。
　高学年に「ブランコ乗りとピエロ」という教材があります。約束を破ったブランコ乗りのサムを，リーダーのピエロが最終的には許し，和解するという展開です。この授業で，次のように問いかけたらどうでしょう。

> ピエロは，サムを許したのだろうか。許していいのだろうか。

　普通に読めば，仲間を許したよい話です。けれど，少し「ぎもん」を差し挟むだけで，とたんに混沌に陥ります。これが「白熱」の種ではないでしょうか。あとはこの種を温め，開花させればよいのです。実際に授業をしてみましたが，子どもたちは，「許す，許さないの問題ではない」「相手の心が自分の心と同調して，入ってきたら，相手の立場を理解することができた」などと発言し出します。本質に向かった話し合いに熱が入るのです。

2章　「考え，議論する道徳」に変える　指導の鉄則50　99

38 話し合いの方向性を考えて指導する

　教材を使って道徳の授業で話し合いをするとき，ねらいとずれた方向に行ってしまうことがよくあります。どうしたらよいでしょうか。

　「道徳の時間は何を言ってもよい」というのは，子どものスタンスです。教師は，そこから観点を絞り，子どもたちの気づきを広めたり深めたりしながら，最終的にまとめ上げていくスタンスでなければいけません。

1　モムンとヘーテ

　2年生の教材に「モムンとヘーテ」（光文書院）というのがあります。内容項目は友情，信頼です。栗の実を力を合わせて切ったモムンとヘーテでしたが，どういうわけかヘーテが栗の実を全部持って行ってしまいます。モムンに残されたのは栗の皮だけ。翌日，大雨が降り，洪水で避難を余儀なくされた二人。

はじめはだまっていた二人ですが，ヘーテが「君だけでも逃げて」と言い，モモンも「一緒に逃げよう」と応じ，2つの栗の皮が二人を乗せて，木の根を離れていくという話です。仲違いしていた二人が，最後は許し許され，協力し合って無事に避難するというハッピーエンドの展開です。

さて，この教材をもとにして，どのように話し合いを進めていけばよいでしょうか？

２ 3つのパターン

①登場人物への自我関与

ヘーテからひどい仕打ちを受けたときと，一緒に避難しているときのモモンの気持ちを聞くパターンです。モモンが心から「よかった」と思っているのか，「まあ仕方ないから」と思っているのかは，分かりません。それを分かろうとすることに時間をかけるのは，建設的とは言えません。だって，誰もモモンにはなれないのですから。

②問題解決的な展開

「モモンはどうすべきだったか」を考えるパターンです。「これでよかった」「ヘーテが謝ったら許してあげる」「許してはいけない」等々，「どうすべきか」の意見がたくさん出たとします。でも，それで友情，信頼の道徳性が高まるとは思えません。口達者にはなるでしょうけれど。

③どこに友達のよさがあるかを考える展開

「モモンとヘーテ」をきっかけとして，友達のよさとはどういうところにあるかを考えるパターンです。抽象的なテーマだからこそ，具体的な教材を通して考えます。一見，一番話し合いの方向が見えにくい展開ですが，何を話し合わせたのか，何に気づかせたいのかという方向を明確にもって授業に臨めば，おもしろい展開になることが多いです。

もちろん，①も②も，表面上の話し合いやすさに流されず，きちんともとをたどれば，路頭に迷うことはないと思いますが。

2章 「考え，議論する道徳」に変える 指導の鉄則50　101

39 心情を丁寧に追っていくスタイルを活用する

単に読み物教材の登場人物の心情理解に終わる授業ではいけないと言われています。心情をどのように考え，扱っていったらいいのでしょうか。

心情といっても，ただの激情と道徳的な感情は違います。また登場人物の気持ちを問う発問に終始してしまってはいけません。

1 一般的心情と道徳的心情

「うれしかった」「よかった」という「気持ち」を表す表現は，ありがちな子どもたちの反応です。すぐに言えます。ですが，日記や作文にこのような表現をしたら，「何がよかったのかを詳しく書きましょう」と指導しませんか？　そして，それと同じことを道徳の授業でもしているような気がします。それが悪いとは言いませんが，どうしても後づけ感が残りますし，何よりも「それって作文指導と何が違うの？」という話になりませんか。

文科省は，そのような課題を受け，「教材の登場人物の判断や心情を自分との関わりにおいて多面的・多角的に考えることを通し，道徳的諸価値の理解を深める」という指導方法を提案しています。

2 道徳的価値の理解を深めるための心情理解

「二わの小鳥」（光文書院）という教材があります。この教材には，みそさ

ざいが，パーティーをしているうぐいすのところへ行ってから，一人さみしく誕生日を迎えているやまがらの所へ向かう様子が描かれています。その両方に「こっちに来てよかった」という記述があります。同じ「よかった」という心情でも，状況が変われば全く異なるニュアンスになることが分かります。つまり，「よかった」という心情だけでは，道徳的な心情の高まりには到達できないのです。

そこで，「この両方の『よかった』の違いは何かな？」と発問します。子どもたちは

「うぐいすの家はごちそうがあってよかった」「やまがらの家は，やまがらが喜んでくれてよかった」「あと，友達が来てくれてよかったもあるよ」というように，友が互いに思い合う中での「よかった」をどんどん見つけていきます。これが道徳的なよさに基づく心情理解です。これがあるからこそ，最後の場面が生きてくるわけです。

心情を丁寧に追うということは，一つ一つ登場人物の気持ちを聞いていくことではなく，登場人物の道徳的な心持ちの高まりをきちんと理解させた上で，子どもの心を動かし，「ああ，やまがらさんはうれしかっただろうなあ。そういう友達になりたいなあ」と自分に重ねて思いを膨らませるようにするということです。これを文科省は「読み物教材の登場人物への自我関与が中心の学習」と定義づけているのでしょう。

ポイント
・心情理解は価値理解につなげてこそ意味がある！

40 テーマ発問型のスタイルを活用する

「テーマ発問」という言葉をよく聞くようになりました。その特徴を生かした活用方法を教えてください。

「テーマ発問」については，19でも説明しましたが，これからの授業スタイル改善のためのポイントです。ぜひ覚えてください。

1 テーマ発問とは

授業に一本筋を通す「問題」と考えてください。

「問題」は教師側から投げかけることもあるでしょうし，子どもの方から出してくる場合，そして授業中に生じてくる場合もあるでしょう。理想は子どもたちから「先生，このことについて話し合いましょう」と言ってくることですが，だからといって，全部子どもたちに任せるということでもありません。必要と思われることは教師サイドがきちんとねらいと見通しをもって指導すべきです。けれど，それは教師が一方的に押し付ける類のものではなく，子どもとともに考え，つくりあげていくものという発想です。

2 授業の実際

□教師側から投げかけるテーマ

「友達だからできることってなんでしょう」

・友達だから一緒に遊べる。

・友達だから協力できる，信頼できる。

□子どもの反応を受けて，投げ返す「問い返し」

「では，入院して離れているＡ君は友達としては遠いのかな？」

「Ｂさんが何を言っても，『うん，そうだね』って聞いてあげるのが，協力？　信頼？」

・う～ん，そういうことではないなあ。

□子ども自身の「問い」に変容したテーマ

「本当の友達関係で大切なのは何なのだろう」

　このように，授業の中でテーマが教師サイドから児童サイドへシフトしていきます。そのために重要な要素が「問い返し」です。「テーマ発問」を行う際に，よく疑問に思われるのが，１つのテーマでどのように授業を組むのか分からない，45分もたせる自信がない，というようなものです。ここで勘違いしていただきたくないのは，「テーマを与えて終わり」ということではないということです。むしろ，テーマをもとに話し合いが始まってからが重要なのです。当然のことながら，適切な問い返しをするためには，教師自身が「授業で何をしたいのか」を明確にもっている必要があります。それがないと，路頭に迷ってしまいます。「テーマ発問型」が難しい，指導力が問われる，冒険型だと言われるのはそのためです。

　教師が問題意識を掲げながら授業を進めることが，「テーマ発問型」を成功に導くポイントです。

2章　「考え，議論する道徳」に変える　指導の鉄則50　105

41 体験を生かすスタイルを活用する

体験を「取り入れる」と「生かす」は違うという話でした。「生かす」について教えて下さい。

体験を生かすということは，これまでの体験が生きるということと，これからの体験に生かすという2つの方向があります。

1 体験が生きる

　授業の中での学びが，これまでの体験を想起することで，「自分も同じようなことがあったとき，本当にうれしかった。この登場人物もきっとこういう思いだったんだろうな」と，道徳的な価値理解がより深まるということです。
　ここで，授業をすることで，これまでの体験の意味が鮮明になり，道徳的心情理解を深めた子どもの言葉を紹介します。
　「今日の授業で，私はこれまでこんなにもたくさんの人に親切にされていたんだと，夢から覚めたようになりました」これは，親切，思いやりの授業をしたときのSさんの道徳ノートの記述です。Sさんはこれまでもたくさんの人に支えられて生きてきましたが，それがはじめて実感として鮮明になったというのです。道徳の授業をすることで，これまでの実体験も価値を増すのです。

2　体験を生かす

　2つ目は，授業後の体験に生かすということです。授業で学習し，「いいなあ，やってみたいなあ」と思う，これが道徳的実践意欲です。そして実際の生活場面で，全く同じ状況ではないにせよ，「あ，これはこの前道徳で考えたことが使えそうだぞ」と思い，試してみる。「ああ，やっぱり気持ちがスッキリするなあ，あの話の登場人物は本当にうれしかったのだろうなあ」と，学習したことに対する理解が，後づけで実感を伴う深い理解へと深化するのです。

　私は学校に行くときに，家の近くにごみがたくさん落ちているのを見かけ，気になっていました。私は自分の町が大好きなので，もっと町をきれいにしたいなと考え，時間のある夏休みを利用して，ごみひろいをはじめました。道徳の授業で「そうか，そうだったんだ」（光文書院，郷土愛）を学習したこともきっかけとなりました。

　Yさんは道徳の授業をきっかけに地域を見直し，夏休みの間中，妹と一緒にごみ拾いを行い，その記録をノート1冊にまとめました。そしてそれを通して地域に住む人との接点を広げ，家族で話し合い，実感を通した郷土愛を育んでいきます。

　「体験が生きる，体験を生かす」どちらも事前，事後の活動を視野に入れた，いわゆる「総合単元的」なアプローチがポイントです。その事前，事後の活動は意図的に仕組む場合もあれば，偶発的なものもあります。いずれにしても，授業中に本質に迫る展開をする必要があります。「本質は転移する」と言われますが，授業で本質的な学びをしていれば，偶発的な体験を含めて，様々な場面が生き生きと輝きを増すことでしょう。それが豊かな生活，よりよく生きるということです。

2章　「考え，議論する道徳」に変える　指導の鉄則50

42 問題解決的な学習を取り入れたスタイルを活用する

問題解決的な授業というのは，各教科等ではすでに行われていると思います。道徳の授業では行われていなかったということでしょうか。各教科等で行われているような問題解決的な学習を行うことで授業が変わっていくということでしょうか。

安易にそれらしい「問題」を道徳授業で話し合わせても何も「解決」しません。私は次の2点が重要なポイントだと考えます。

1 2つのポイント

①子ども自身に問題意識をもたせる

　授業の中で，「おや？　どういうことだろう」「分かっているつもりだったけれど，分かっていなかった」「もっと考えたい」「うまく説明できない，くやしい」「友達はどう思っているのだろう」などと，子ども自らが「考えたい」「解き明かしたい」と思うことができる『問い』をもたせるようにします。これが問題意識です。このような意識をベースに授業を展開するのとそうでないのとでは，子どもたちの食いつきが違います。

②子どもたちの日常生活から問題意識を洗い出す

　普段の生活の中で，「こういうとき，自分はどうすべきなのだろう」「分かってはいるけれどなかなかうまくできないなあ」という悩みや葛藤はたくさんあることでしょう。これは「よりよく生きたい」という，人間の根本的な心の動きです。そのような現実的で切実なテーマを説き明かすために，道徳の授業で考えるというスタンスをとることによって，授業は変わってきます。

2　「問題」は子ども自身の問題であること

　問題解決『的』な学習を通して，指導方法の工夫を図ることが目的であり，問題解決をすることそのものが目的ではありません。

　道徳教育の特質上，それは当たり前のことですよね。日常の諸問題について，これをすればすべて解決などという特効薬的な処方箋がないのと同じように，道徳教育で目指す「よりよく生きる」という目標に向かって，どのような考え方をすればよいのか，何を大切にすればいいのか，ということは，話し合いを通して1つの方向性を見いだすことはできますが，1つに絞ることはできません。だからといって，何を言ってもよい，価値観は人それぞれだからすべて正しいという考え方も極端です。

　教師の投げかけや，子どもたちの中から自然に出てきた疑問や問題意識を取り上げ，それをどのように考え，判断したらよりよく生きるための指針となるかを共通理解する。自分たちの疑問点を解き明かそうとする観点で教材を読み，話し合う。すると新たな気づきや子ども自身の「問い」が生まれ，それをもとに話し合いが深まる。最終的に，はじめに抱いた疑問や問題点について，新たな見解を生むことができ，「あ，分かった」「そうか，そういうことか」「それだったらできそうだ」「いや，積極的にやってみたい」というように子どもたちの心が前向きに動く。

　この一連の流れが，「問題解決的な道徳学習」だと私はとらえています。

2章　「考え，議論する道徳」に変える　指導の鉄則50　109

43 アクティブ・ラーニングを意識したスタイルで実践する

道徳教育におけるアクティブ・ラーニングとはどういうイメージなのでしょうか？

「主体的・対話的で深い学び」と言われているものですね。単に「活動」を取り入れてもアクティブにはなりません。

1 主体的・対話的で深い学び

　主体的とは，子どもたちが自ら考えたい，学びたいと思うことです。そう思えるためには，問題解決すべき「問題」を子ども自身に意識させ，「おや？　どういうことだろう」「もっと深く考えたい」というように，子どもの「問い」に変容させる必要があります。それができたとき，対話的な話し合いが可能となります。心がアクティブになっているのです。
　しかし，最初から問題意識をもって学習に臨む子どもは希でしょう。ですから，はじめの刺激や問題提起は教師がしても構いません。子どもに主導権を任せきりにするのもよくありませんし，かといって，教師が強引に引っ張りすぎるのも考えものです。
　というわけで，次のようなステップを踏んだらどうでしょうか。

【問題意識を醸成し，解決に向かって有意義な対話を展開するための3ステップ】

①本時のテーマとなるような「問題」を教師の方から提示する。

②問題を解決するための予想を立て，それをもとに教材を読み，照らし合わせる。

③照らし合わせることによって生じた新たな疑問や問題点を洗い出し，話し合いを進める。

　（必要に応じて教師の方が新たな観点を提示したり，子どもたちに深く考えさせるための問い返しをしたりする）。

2 主体的・対話的学びのきっかけとなる子どもの問い

　子どもの心をアクティブにするためには，子どもの意識に寄り添うことが大切です。

【子ども自身の道徳的な「問い」を生むための3パターン】

①教師提案型…既習事項に対する揺さぶり。

　　　　　　　「あれ!?　知っているつもりだったけれど，分からなくなってしまった！」

②児童主体型…「アンケート」や「日記」などで拾い上げ，子どもの意識を喚起する。

　　　　　　　「友達と仲直りしたい。どうしたらいいのかな……」

③児童主導型…子どもの日常体験を充実させ，そこから生まれてくる問題を取り上げる。

　「先生，これはどういうことなのかな？　今度話し合いをしてください」

　真剣に深く考えはじめたら，子どもたちは黙ります。それも心がアクティブな証拠です。見栄えだけの派手なアクティブ・ラーニングに惑わされないようにしましょう。

2章　「考え，議論する道徳」に変える　指導の鉄則50

44 特別の教科 道徳の評価を整理する

道徳が教科になるということは，評価をしなければならないということですね。道徳の評価ってできるのでしょうか？どのようにすればよいのでしょうか。

評価には様々な意図と方法があります。まずはそれを整理してみましょう。

1 道徳科における評価の在り方

> 　児童生徒の側から見れば，自らの成長を実感し，意欲の向上につなげていくものであり，教師の側から見れば，教師が目標や計画，指導方法の改善・充実に取り組むための資料。
> （出典：道徳教育に係る評価等の在り方に関する専門家会議　「特別の教科 道徳」の指導方法・評価等について）

　まずは児童生徒の学び，成長につながる，子どもの育ちを対象とした評価。これは，何よりもよりよくあろうとする子どもたちの背中を押してあげるような前向きな評価をしましょう。この基本的な理念を忘れてはいけませんね。次に，授業の手立てに対する教師自身の評価。「指導と評価の一体化」と言われるように，教師自身が子どもの見取りから授業の手立てが有効だったか，次回留意することは何かなどを振り返ることで，改善・充実につなげます。

2 文言整理

・数値などによる評価ではなく，記述式とすること。
・個々の内容項目ごとではなく，大くくりなまとまりを踏まえた評価とすること。
・他の児童生徒との比較による評価ではなく，児童生徒がいかに成長したかを積極的に受け止めて認め，励ます個人内評価として行うこと。
・学習活動において児童生徒がより多面的・多角的な見方へと発展しているか，道徳的価値の理解を自分自身との関わりの中で深めているかといった点を重視すること。
・道徳科の学習活動における児童生徒の具体的な取組状況を，一定のまとまりの中で見取ること。　　　　（筆者が前掲の報告を要約・抜粋）

　「大くくり」「一定のまとまりの中で」の評価。これは，時間的な広がりと，内容の構造的な深まりという2つの観点で考えることができます。まず，時間的な広がり。つまり1単位時間内では見取れないものを複数時間扱いの中で見取ったり，学期ごとに変容をとらえたり，年間を通して見ていくものです。いわゆるプロセス評価ですね。

　次に，内容の構造的な深まり。これは，人を一内容項目で見るのではなく，人間のよさを構成しているのは内容項目の総体であるというとらえ方です。例えば，お年寄りに席を譲るという行動は，思いやりの心から生まれるものですが，それを行うためには勇気も必要でしょうし，礼儀正しさも要求されるかもしれません。そう考えると，内容項目は単体で成り立っているのではないということに気づきます。ただし，これらのことは，道徳の授業の中で何を学んだかという，一単位時間内評価がきちんとなされる授業があってこそ成り立ちます。まずは一時間一時間の授業をしっかりと行いましょう。

2章　「考え，議論する道徳」に変える　指導の鉄則50

45 道徳ノートで成長の姿を見取り，評価する

子どもの学びをどのように見取り，評価したらいいのでしょうか。

授業中の観察はもちろんですが，授業と授業をつなぐ学びの足跡を見取るツールとして，道徳ノートがオススメです。子どもたちの学びを前向きな言葉で評価してあげましょう。

1 道徳ノートの役割

　道徳ノートの役割は多様です。ノートに言語化することで，「ああ，自分が言いたいことはこういうことだった」と思考を整理することができます。子ども自身の思考を促進し，自己評価力の向上につながるのです。また，教師がそれを読み，子どもたちの授業内での意識の変容や授業後の意識の継続を見取ることができます。それを前向きなコメントとして道徳ノートにメッセージを書くことで，さらに学習が補充・深化・統合されます。教師自身の授業評価の資料にもなります。

　指導要録においては当面，一人一人の児童生徒の学習状況や道徳性に係る成長の様子について，発言や会話，作文・感想文やノートなどを通じて，
・他者の考え方や議論に触れ，自律的に思考する中で，一面的な見方から多面的・多角的な見方へと発展しているか。

・多面的・多角的な思考の中で,道徳的価値の理解を自分自身との関わりの中で深めているか

といった点に注目して見取り,特に顕著と認められる具体的な状況を記述する,といった改善を図ることが妥当。

　評価に当たっては,児童生徒が1年間書きためた感想文をファイルしたり,1回1回の授業の中で全ての児童生徒について評価を意識して変容を見取るのは難しいため,年間35時間の授業という長い期間で見取ったりするなどの工夫が必要。　　（前掲の報告を筆者が要約・抜粋）

　このような専門家会議の報告を待つまでもなく,ノートの可能性はこれからどんどん広がっていくことでしょう。

2　多様な使い方

　また,子どもたちにノートの交換をさせることにより,多面的・多角的な見方が増えます。加えて,子どもたちの記述が蓄積され,授業中,授業後,日常生活など,教育活動全体のみならず,子どもの生活基盤全般での道徳的な学び,成長を見取ることができます。

　ここで確認しておきたいのは,道徳ノートを評価の道具にしないということです。道徳ノートは,あくまでも子どもたちの成長を促すという目的のために使われるべきです。ノートに書かれるコメントは,子どもの気づきを促すものであるべきです。教師は,子どもたちの道徳ノートの記述を見ながら,授業の手立てが効果的だったかどうかという授業評価をすることができます。また,授業後の意識の継続も把握することができ,長い期間での見取りが可能となるのです。

46 評価を授業改善に生かす

当然のことですが，評価は私たち教師が授業をふり返る際にも行うべきですよね？ 具体的にはどういうシステムになるでしょうか？

「教師の側から見れば，教師が目標や計画，指導方法の改善・充実に取り組むための資料」と言われていますね。具体的にお話ししましょう。

1 ねらいを具体化・複数化する

　1年生の教材「二わのことり」を例にとって考えてみましょう。
　内容項目は「友情，信頼」で，1，2年生は「友達と仲よくし，助け合うこと」とされています。これだけでは，大きすぎてねらいに到達したかどうかの評価・判断がしにくいので，これを具体化・複数化します。
　例えば次のような形です。
①自分のことしか考えない行為と，友達のことも考えて行動する行為の違いが分かる。
②友達の気持ちを考えて実行したみそさざいの心や行動に感動する。
③友達の気持ちを思いやって，助け合って生活していこうとする。
　　　　　　　　　　　（参考：光文書院「ゆたかな心　指導書」より）
　このように3つのねらいを立てたら，その3つについてそれぞれねらいを

達成するための手立てを考えることができます。例えば,「行為の違いを分からせるために,比較して考えさせる板書の工夫をする」などです。そして,そのような手立てを考えることができれば,それは当然のことながら,「そのような手立ては有効だったかどうか」という授業評価につながりますね。このように,授業と評価は一体化し,つながっているわけです。

2 子どもの態度と行動をもとに評価する

　評価のシステムについては,前述しました。では,そのような評価は何をもとにして行うのかと言えば,「子どもを見る」以外にありません。

　「子どもを見る」ときのポイントは,「子どもが何を大切に思い,どうしようとしているか」という「態度」と,「結果として何をしたか」という「行動」の2つです。「態度」だけでは表面に現れない場合もあり,つかみどころがありません。かといって「行動」だけでは,偶然の産物ということになる場合もあり根拠がはっきりしませんし,「形を取り繕う」子どもを育てかねません。

　「態度」は授業中の発言や道徳ノートから,「行動」は授業後の日常生活の中から見取っていくことになるでしょう。それらを見取るためには,日ごろからそのようなことを書くように習慣づけ(訓練し)ておくことです。

　半年くらいで,次のような感想を書くことができるようになります。

　今回の授業で,「強さ」について学んだ。「強さ」はたくさんあるが,勇気は「よい強さ」だった。太郎はよわむしで「できない」ではなく,「しない」というやさしさ,勇気がある。との様は自分は弱いとみとめたんだと思う。太郎のように何かを守りたいという意志が強い人ほど勇気があることに,今回の勉強で気がついた。ぼくも何かを守りたいという意志をもちたいと思う。(「よわむし太郎」の道徳ノート　4年男子)

2章 「考え,議論する道徳」に変える　指導の鉄則50 117

47 多面的・多角的な考え方を促す工夫をする

多面的・多角的という言葉をよく耳にするようになりました。どういう意味なのでしょうか。また，この２つに違いはあるのでしょうか。

多面的・多角的な考え方をすることによって，教材の読みが深まったり，我が身を重ねてより深く共感できるようになったりすることが期待できます。

1 「多面的・多角的」の定義

　これは，はっきり申し上げて２つの間に明確な線引きはありません。便宜的な区別はいろいろ可能でしょうが，要するに，様々な観点からということです。具体的には，道徳性の向上を図るための観点として，次の３点を挙げたいと思います。

①その行為・行動は他律的か自律的か
②「そうは言ってもできない」という「人間的な弱さ」は否定されるべきか
③教材に書かれていない世界をいかに見るか（見せるか）

①例えば，「きまりを守る」という行動規制も，「罰金から逃れるため」に行

うのと「それを行うことが相手にも自分にも心地よさを得られるから」行うのとでは，その価値が全く違ってきます。

②「人間の弱さ」をすべて否定してしまうと，誰もついて来られなくなります。「すごい人だね，だけど自分には無理」という思考回路が働いてしまったら，すばらしい教材も台無しです。そうならないような，多様な読みが必要です。

③例えば，「この登場人物が今このようにいられるために，まわりにどんな人がいたか想像してごらん」と投げかけます。子どもたちは「きっと……」「ああ，ならばこういう人も……」というように，書かれていない世界にどんどん想像力を働かせていくことでしょう。

2　子どもの読みはどう変わるか

6年生で生命尊重の授業をしたときのことです。K君は，主人公の「太一」の生命感の変容を次のような文と図で表しました。

「太一」はもとから命の大切さを知っていたけれど，父の死を受けて本当に分かったのだと思う。

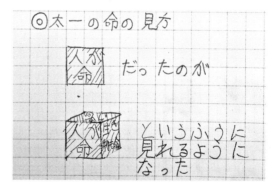

K君自身の命のとらえも，一面的なものから多面的なものへと変わっていますね。

ポイント
・固定観念を覆し，再構築する視点・観点をもちましょう！

48 低学年の道徳授業を変える
—「はしのうえのおおかみ」を例にして—

　もちろん，低学年でも道徳科の授業はできますし，しなければなりません。けれど，1時間座らせているだけでも大変な「年頃」ですから，道徳の授業は図工や体育に比べて分が悪いようです。だからといって，安易にゲームやエクササイズ，テレビに頼ることなく，きちんと授業を学習として成り立たせたいものです。そのためには，まずは発達段階に配慮する必要があります。

　低学年の発達段階的な特徴には次のようなものがあります。

・何でも調子に乗ってやりたがる。

・すべてが新鮮で興味津々。

・「自分が！自分が！」と自己中心的。

・見た目に左右される。

・そのときの気分に大きく影響される。

　それらを「逆手」に取って，自分たちのペースで調子よくやっているつもりにさせておいて，気づいたらねらいに迫った話し合いや気づきができていたというようにもって行くことができればベストですね。

1 道徳科としての低学年の授業ポイント

①「分かった！」「気づいた！」「みつけた！」体験を通してよい意味で調子に乗らせ，ねらいに迫る

　例えば，導入で「親切な人」について考えさせます。子どもたちは，
・助けてくれる人。　・やさしくしてくれる人。　・（物）をくれる人。
などと，いろいろなことを言うでしょう。その一つ一つに，「へえ〜，なる

ほど，たしかにそうだ」と相づちを打ちながら板書していきます。

　次に，「では，教科書を読んで，話の中から親切な人を見つけましょう」と投げかけて，教材を読みます。子どもたちは自分たちの予想が合っていたか，またはそれ以外のものが見つかるか，という観点をもちながら，前向きな気持ちで教材を読みます。

　読み終わると，「見つけた！」と，手をあげる子が出てきます。それを聞きながら，「よく見つけたねえ」「これはどういう意味かな」「わあ，はじめは３つしか見つからなかったのに，倍になっちゃったね。友達と考えるとすごく広がるね」などと返しながらまとめていきます。

②**見えるものから見えないものを見せる（教科書に書いていないものを見つけさせる）**

　「あれもそうだ」「これもある」と調子よく言い合っているうちに，「きっとこのときはこんなこともあったと思う」「たぶん，このあとこの人はこんなことをしたと思う」というように，教材に書かれていない世界のことを想像し，言及するようになってきます。

　そうなったらしめたもの。「よく気づいたねえ！　それは先生も気づかなかったよ」とほめちぎります。

③**よい世界を見せて終わる（理想を語らせる）**

　最終的に子どもたちが見つけたものを黒板に書いていき，それを見て意味づけをします。

　まずは数をほめます。「最初はこれだけしか見つけられなかったけれど，こんなに増えたね」

　次に変容をほめます。「最初と比べて中身が変わったね」

　最後に質的な変容をほめます。「最初はうまく説明できなかったけれど，最後はちゃんと自分の言葉で言えたね」最後にだめ押しで，「そういうすごいことを見つけられたみなさんなら，きっとその力を使って，もっとよい友達（クラス，世界）をつくることができると思いますよ」と，これからの自分たちの生活を前向き，肯定的にとらえさせて終わります。子どもたちは，

2章　「考え，議論する道徳」に変える　指導の鉄則50　｜　121

自ずと，よりよく生きようという意欲・視点をもちます。

2 「はしのうえのおおかみ」の授業

①本授業の特徴

　ありがちなのが，教室に橋を作って役割演技をさせることです。低学年だからできる楽しい活動ですね。けれど，楽しんで終わってしまったり，ちょっと怖い思いをしてしまう子がいたり，けっこう難しい活動なのではないかというのが私の感想です。役割演技，ロールプレイングから道徳的な何かを考え，結論を得るというのは，むしろ訓練や経験を積み重ねた上級生の方が結果を期待できるのではないでしょうか。ということで，ここでは別の方法にチャレンジしてみましょう。名付けて「やさしい人になろう大作戦」です。

②発問（テーマ）

おおかみさんは，やさしくなったの？　なっていないの？

　発問はきっかけに過ぎません。これ１つで授業が成り立つということではなく，授業を通す１本の芯のようなものです。これに沿うように，「問い返し」を紡いでいきます。

【子どもたちが「おおかみはやさしくなった」と言ったときの問い返し】

・おおかみさんは，くまさんから「橋の譲り方」を教わったから試してみたくなっただけなのではないかな？

【子どもたちが「おおかみはやさしくなっていない（やっぱりクマさんの方がやさしい）」と言ったときの問い返し】

・おおかみさんが最初に「エヘン，ヘン！」と威張っていたときの顔（笑顔）と，ウサギさんたちに道を譲ったときの顔（笑顔）に違いはないかな？」

③授業の実際

（○は教師の投げかけ　・児童の反応）

○おおかみさんはやさしくなったのかな？

・うん，やさしくなった。

○なんでそう思うのかな。

・だって，道を譲れるようになったから。

○ということはおおかみさんがくまさんから教えてもらったことって，道の譲り方なんだね。それが分かったからできるようになったんだね。

・それだけじゃない。くまさんからやってもらったことで，自分がうれしくなったんだよ。

・うん，それで自分も誰かにしてみたくなった。

○なるほど，おおかみさんがくまさんからもらったものは，橋の上のすれ違いの仕方だけではないんだ。もっと大切なものがある。

・それがないと，いくらやり方が分かっていても，できないよ。

・できたとしても，うれしくない。

　……続きは，実際にやってみて，楽しんで下さい。

　1年生のYさんが道徳ノートに書いた感想です。

　今日，5ページも書いてしまいました。楽しかったです。

　道徳をした中で，一番いっぱいノートを使いました。すっごく楽しかったです。これからは，これよりも楽しくやりたいです。

学んだことに対する充実感・満足感・意欲的な高揚が感じられます。

まとめ

・よい意味での調子に乗らせる。

・「分かった！」「気づいた！」「見つけた！」体験を通してねらいに迫る。

・「自分が！と思う他者」意識。

・見えるものから見えないものを見せる。

・よい世界を見せて終わる。

2章 「考え，議論する道徳」に変える　指導の鉄則50　123

49 中学年の道徳授業を変える
―「ないた赤おに」を例にして―

　中学年は，脳の発達も飛躍的に向上し，低学年に比べてはるかに抽象的な思考が可能となります。それでいて，高学年のようなものごとを斜に見るようなこともなく，素直な感性で感想を言ったり，行動に移したりすることができます。そのような意味では，子どもらしい発想を生かしながらねらいとする価値について考えさせることに関しては，取り組みやすい学年とも言えるでしょう。

　中学年の発達段階的な特徴には次のようなものがあります。

・「世間体」を気にすることなく，思ったことを素直に表現できる。
・抽象的な概念での思考が可能となる。
・メタ認知能力がついてくる。
・見た目に左右されないで，本質を見抜くことができるようになる。
・「他律」から「自律」へと意識がシフトする。

　もちろん，個人差がありますから，全体をくくるわけにはいきません。傾向としてとらえ，あとは授業中の子どもたちの様子を注意深く観察しながら展開をその場でつくっていきましょう。

1 道徳科としての中学年の授業ポイント

①教材について語っているつもりで，自分自身をふり返らせる

　中学年以降，メタ認知能力が向上すると言われています。過渡期のこの時期としては，目に見える教材について語りながら，気がついたら「あ，これは自分もそうだ」と思わせるような展開にしましょう。

そのためには，表面的な気持ちを問う話し合いに終始せず，気持ちのもとにある心を考えさせる，本質に迫る発問をしましょう。子どもは，知らず知らずのうちに，「だって自分も」「自分だったら」と自分を重ねて考えるようになります。そうなったらしめたもの。教師が「そのようなことに気づいたみなさんにも，この登場人物と同じようなことはありませんか？」と返せばいいのです。子どもたちは「あ，本当だ」「自分たちもまんざらではないな」と，気づくことのできた自分を肯定的にとらえるようになるでしょう。

②「他律」から「自律」へ

　これは多面的・多角的なものの見方の１つの観点とも言えるでしょう。同じ行動をしていても，「他律」の観点で見るのと，「自律」の観点で見るのとでは，全く違ってきます。

　例えば，「落とし物を届けてあげる」という行動１つとってもそうですよね。「一緒にいた人の手前，届ける」「落とし物係だから（めんどうだけど）届ける」これらは「他律」の要素が強いです。だからといって，よくないというわけではありません。けれど，「落とし主が困っているとかわいそうだから届ける」「自分も届けてもらってうれしかったから」というような「もとの心」から行動に及んだとしたら，こちらの方がいいなあと思いませんか。このような「もとの心」からみる癖をつけることが大切です。

　けれど，実生活ではそんなこといちいち考えて生活していません。目に見える「結果（できたかできないか）」がすべてです。ですから，道徳の授業でちょっと腰を落ち着けて考えてみる，話し合ってみるきっかけをもつことがとても重要になるわけです。

2 「ないた赤おに」の授業

①本授業の特徴

【内容項目をどう考えるか】

　本当の友達というものは，相手に対して「友達だから」できることがある

2章 「考え，議論する道徳」に変える　指導の鉄則50　125

人のことを言います。友のために，自分にたとえ害が及ぶことになろうとも，それを苦に思わず実行しようと思える存在であるはずです。

また，そういう友達をもつことができるだけではだめでしょう。自分自身もそのような友達に見合う人間にならなければ，真の友達関係を結ぶことはできません。友達とは両者の問題であり，片方だけの努力や資質では友達にはなれないのです。

【教材をどう読むか】

自分が不利になることを承知したうえで，友達のために民家に暴れ込んだり，一人旅に出たりした青おにの心遣いや行動を通して，子どもたちは，そのような友達がほしいと思い，自分もそのような友達にふさわしい人間になりたいと思うことができるでしょう。

②発問（テーマ）

> 赤おにと青おにの友達レベルを比べてみよう。

友達関係というのは一人では成立しません。授業を通して，二人の関係性を分析する必要があります。その際，二者の関係を図式化し，比較して考える方法が，分かりやすい手立てとしてオススメです。そうすると，必ずしも二者が対等で，同じレベルの友達観を保有しているとは言えないことが，はじめて分かってきます。

低学年のところでも述べましたが発問はきっかけに過ぎません。授業を通すテーマ，１本の芯のようなものです。ですので，このような授業スタイルを「テーマ発問型」と呼ぶことがあります。授業中はこのテーマに沿うように，「問い返し」を紡いでいきます。

【問い返しの例】

・赤おにと青おにの友達レベルはどちらが上ですか？　数字で表しましょう。
・赤おにと青おにの違いは何ですか？
・青おには赤おにのために犠牲になったのですか？

・赤おにと青おにが一番仲よしになったのはどこでしょう。

③授業の実際

（○は教師の投げかけ　・児童の反応）

【導入】

○「仲よし」ってどういう友達のことですか。

・いつも一緒にいる。　・悩みを聞いてくれる。

【展開】

○赤おにと青おには最初の頃の方が仲よしですね。最後は一緒にいられなく
　なってしまいましたから。

・いや，違うと思う。最後の方が仲よくなった。

○おや？　最初にみなさんが言っていたことと違いますね？

・う～ん…。

【終末】

○「仲よし」の考え方は変わりましたか。

・変わった。

・そばにいるかどうかではなくて，相手のことをどれだけ考えられるかが大
　切。

　これら一連の流れを頭に入れながら，実際の授業ではその場の子どもたち
の言葉を使いながら展開を臨機応変に工夫することが大切です。それができ
るために，事前の見通しと指導展開を授業中に変える勇気と余裕をもちまし
ょう。

まとめ

- 本質をつく発問をする。
- 見える世界は同じでも，もとの違いがあることに気づかせる。
- もとの違いは「他律」と「自律」の観点で比較させることで見えてくる。
- 見えるものから見えないものを見せる。
- 自ら進んで考え付いた，実行したという要素を大切にする。

2章　「考え，議論する道徳」に変える　指導の鉄則50　127

50 高学年の道徳授業を変える
―「手品師」を例にして―

　高学年になると，抽象的な思考が可能となり，話し合いが深まることも事実ですが，逆に抽象的な話し合いが可能だからこそ，空中戦に終始してしまうことも多くなります。高学年の特徴には，次のようなものがあります。

・抽象的な思考が可能となる。

・見えないもの（書かれていないもの）を見ることができるようになる。

・よい意味でもそうでない意味でも「我慢強く」なる。

・問題意識をもち，主体的に学習に臨むことができる。

・「先読み」「建前トーク」が達者になる。

・「あきらめ」が早くなる（すでにだいたいこんなものと高をくくっている）。

　つまり，うまくハマればおもしろい話し合いができる反面，へたをすると，つまらないと思っていても表面上はそれを出さずに1時間をやり過ごすことができてしまうので，教師も子どもも「消化試合」に陥ってしまう危険性があるということです。

　低学年だったら正直に「分からない」と言ったり，そぶりを見て「乗っていないな」と判断したりすることができます。しかし高学年の場合は，物わかりのよい子を演じて取り繕ってしまったり，それらしい「答え」を先読みして「本音と建て前」を使い分けてしまったりできてしまいます。しかも内心では「どうせこんな感じで流れるだろう」とはじめからゴールを自分で設定し，高をくくっている場合があるということです。

1　道徳科としての高学年の授業ポイント

①本気にさせる

　高をくくっているのならば，むしろ好都合。それをよい意味で裏切ってやればよいのです。

> 　「え⁉こんなはずではなかった！」「どういうことだろう？」という疑問や思考のずれを意図的に生じさせることができたらしめたものです。考えたい，解き明かしたいと思わせる土壌ができあがりました。

　例えば，導入に「友達だから」について考えさせます。子どもたちは，
・気が合う。　・協力できる。　・一緒にいて安心。
　などと，いろいろなことを言うでしょう。
　頃合いを見て，次のように突っ込みます。
　「たしかに気が合うとうれしいですよね。では，気が合わない人とは友達になれませんか。そもそも，気が合う・合わないって，どういうことでしょう。例えば，AさんとBさんは友達だとします。休み時間に，Aさんがドッジボールをしたいと言いました。Bさんは鉄棒をしたかったので，別々に過ごすことにしました。これは気が合っていないですか。では，Bさんが自分の気持ちを我慢して，Aさんに合わせてドッジボールをしてあげたら，二人は気が合っていることになりますか。さて，どちらが友達としてレベルが高いでしょう」どうでしょうか？　即答できますか？　大人でも考え込んでしまいますよね。子どもたちは，ああでもない，こうでもないと侃々諤々になることでしょう。

②日ごろの体験から抱えている問題意識を，授業場面で生かす

　年が長ずるにつれ，日常の中での悩みや葛藤が増えてくると思います。そのような，もやもやした思いを解明するために，道徳の授業を活用するとい

2章　「考え，議論する道徳」に変える　指導の鉄則50　129

う発想です。例えばこんな子がいました。

「この間，低学年の子と遊んだとき，わざと力を抜いて相手を勝たせてあげたことがありました。これって，相手に対してうそをついたことになるのかなあ。失礼だったのかなあ。先生，どう思いますか？」

子どもたちは，正直ということはどういうことなのか，相手に対して礼儀正しくするとは？など，内容項目にかかわる問題意識をたくさん抱えて生活しています。それらに応えてあげられるような授業ができれば，きっと道徳の授業を必要と感じ，これからも自らの生き方を考えるために，道徳の時間を活用しようと思うことでしょう。

ここで重要なことは，子どもたちが抱えた問題意識を，何らかの形で「解き明かした」，「分かったそういうことか」と思わせられるような着地点を見出すということです。それがあってこそ，子どもたちは道徳の授業に必要感ややりがいを抱くことでしょう。

2 「手品師」の授業

では，実際に「手品師」の授業を通して考えていきましょう。

この教材は，高学年の正直，誠実の内容項目の学習として定番の作品ですね。多くの出版社が取り上げ，数知れない実践が紹介されています。そのタイプは大きく次の2つに分けられると思います。

A 「男の子を選んだ手品師の気持ちを聞く」

夢の舞台をあきらめてまで男の子の方を選んだ手品師に共感的理解をし，その誠実さに自らの道徳性の育成につながる主体的自覚を図る展開が一般的でしょう。

B 「手品師はどうすればよかったのか」

いわゆる問題解決的な展開です。大劇場か男の子か，これは簡単に答えが出る問題ではありません。議論が盛り上がる展開が予想されます。

A，Bとも数多くの実践例があるので，詳しい紹介は省くとして，本稿で

は，全く別のC型を紹介します。

3 C型「手品師」の展開

①C型の特徴

・子どもの発言を使いながら問い返しをしていく中で本質に迫る。

　あらかじめできあがった「指導案通り」に流し，それに子どもを乗せていくという方式はとらず，「子どもとともに授業をつくる」という展開方式をとります。

・図式化した板書を用いることで，価値を構造的に捉えさせる。

　文字言語だけでなく，図や記号，時系列のベクトルやベン図，数値化等々，もちうる限りの能力を使って思考を促進させ，「納得解」に迫ります。

・目に見える結果に固執せず，その結果を生んだもとに着目させる。

　「○○できた」結果に重きを置かず，「○○しようとした」向かう心にスポットを当てます。「○○できた・できない」は結果であり，重要なのはそこにいたる心の用い方だと考えます。

②C型「手品師」の授業の発問（テーマ）

　男の子を選んだ手品師は，果たして誠実なのだろうか。

　問い返しも重要な要素です。どんな問い返しができるかによって，C型の授業は大きく展開が変わってきます。

　例えば「手品師」であったら，次のような問い返しが考えられます。

・「約束だから仕方なし」に男の子を選んだとしても，手品師は誠実ですか？

・どちらの選択をした方が，後悔が大きいでしょうか。

　これらの問い返しに対する子どもたちの反応によって，さらに問い返しは続きます。これが道徳における議論です。

2章　「考え，議論する道徳」に変える　指導の鉄則50

③Ｃ型「手品師」の授業の実際

（○は教師の投げかけ　・児童の反応）

○手品師はどんな人？　誠実と言えるのかな。

・約束を守ったし，やさしいから誠実な人。

○手品師がしたかったことは何ですか。

・大劇場に立って手品をすること。

○では，手品師は自分の気持ちにうそをついて男の子の方へ行ったのですね。

・そうだけど，そうではない。

○どういうことですか。

・手品師は自分の本当の心に向き合って男の子を選んだ。いやいやではない。

・大劇場に行くという夢が，男の子を喜ばせるという夢に変わった。

○みなさんだったら，どっちに行きますか？

・う〜ん，大劇場かな。

・いや，男の子の方に行ってあげたい。

○大劇場に行く，男の子の方へ行く，共通することはありませんか？

・あ……。

　このような感じで展開していきます。あとは，目の前の子どもたちとつくっていくことです。先生ご自身でこの続きをシミュレートしてください。

まとめ

①教師が，子どもたちが「おや？　どういうことだか分からなくなった」「もっと考えたい」と思わせるような投げかけをして，刺激を与える。

②子どもたち自身がもっている問題意識を把握しておき，それを授業場面で取り上げて，考える必然性や必要感を与える。

※ちなみに，この「方法」は中学生や大人にも有効です。私は先生方相手に模擬授業をしたり，保護者会で保護者相手に授業をしたりしますが，みなさんエンジンがかかってくると，子どものようにムキになって発言します。

【著者紹介】
加藤　宣行（かとう　のぶゆき）
筑波大学附属小学校教諭，筑波大学・淑徳大学講師。
スタントマン，スポーツインストラクター，公立小学校教諭を
経て現職。
日本道徳基礎教育学会事務局長
KTO道徳授業研究会代表
光文書院「ゆたかな心」編集委員
使える授業ベーシック研究会常任理事

【著書】
『授業でそのまま使える！子どもがグーンと賢くなる　面白小
話・道徳編』明治図書出版，2007
『道徳教育を変える教師の発問力』東洋館出版，2012
『実践から学ぶ深く考える道徳授業』光文書院，2015
『子どもが，授業が，必ず変わる！「一期一会の道徳授業」』東
洋館出版，2016

加藤宣行の道徳授業
考え，議論する道徳に変える指導の鉄則50

2017年2月初版第1刷刊　©著　者	加　藤　宣　行	
発行者	藤　原　光　政	
発行所	明治図書出版株式会社	

http://www.meijitosho.co.jp
（企画）茅野　現（校正）嵯峨・茅野
〒114-0023　東京都北区滝野川7-46-1
振替00160-5-151318　電話03(5907)6701
ご注文窓口　電話03(5907)6668

＊検印省略　　　　　　組版所　藤原印刷株式会社

本書の無断コピーは，著作権・出版権にふれます。ご注意ください。

Printed in Japan　　　　ISBN978-4-18-194110-9
もれなくクーポンがもらえる！読者アンケートはこちらから →

個性あるワークシートで道徳科の授業を始めよう!
すぐできる"とびっきり"の道徳授業2
ワークシートでできる「道徳科」授業プラン

諸富祥彦・他 編著

- ●B5判
- ●小学校
  128頁／本体 2,200円＋税
  図書番号 2447
- ●中学校
  112頁／本体 2,160円＋税
  図書番号 2448

教科化で「考え、議論する道徳」への転換が求められていますが、具体的にはどんな授業を行っていけばよいのでしょうか。本書では、明日の授業ですぐにできるとびっきりの授業プランをワークシートつきで紹介。

新学習指導要領のねらいを具体化するパーフェクトガイド
平成28年版
新学習指導要領の展開 特別の教科 道徳編

小学校　永田繁雄 編著
中学校　柴原弘志 編著

- ●A5判
- ●208頁
- ●本体 1,900円＋税
- ●小学校：図書番号 2711
- ●中学校：図書番号 2731

新学習指導要領の内容に沿いながら、教科書や評価といった道徳改訂のキーポイントについて詳しく解説。また、内容項目ごとの指導ポイントや問題解決的な学習を生かした新たな授業プランも掲載。

明治図書　携帯・スマートフォンからは **明治図書ONLINEへ**　書籍の検索、注文ができます。

http://www.meijitosho.co.jp　＊併記4桁の図書番号（英数字）でHP、携帯での検索・注文が簡単に行えます。

〒114-0023　東京都北区滝野川7-46-1　ご注文窓口　TEL 03-5907-6668　FAX 050-3156-2790

＊価格は全て本体価格表示です。

好評発売中！

考える道徳を創る
新モラルジレンマ教材と授業展開

荒木紀幸 編著

【小学校】
図書番号2450・B5判・152頁・2460円+税

【中学校】
図書番号2451・B5判・176頁・2600円+税

教科化で「読む道徳」から「考え、議論する道徳」への転換が求められていますが、なかなか議論する道徳授業をつくるのは難しいものです。しかし、モラルジレンマ教材を用いれば、道徳的判断力を育てる白熱議論の授業ができます。新作教材を指導案付でお届け。

学級経営サポートBOOK
NG対応→OK対応で学ぶ
あわてないための トラブル対処術

図書番号2039・A5判・128頁・1800円+税　　福地孝宏 著

ケンカ・反抗…と学校現場は思いもよらぬトラブルがあたりまえ。子どものためにかけたはずの一言で、ギロリとにらまれてしまうことも。しかも、ついタジタジした様子を周りの子がジッと厳しい目で見つめていたり…。とっさのこの時を上手にこなすための対処法をまとめました。

とっさのこの時、あなたならどうしますか？？

いつも遅刻してくる子を指導したい時／手ぶら登校の子を注意して、にらみ返された時／先生の授業はわからない、と言われた時／テスト中に不正行為が疑われる時／友だちの校則違反を知らせに来た時／泣いている子を見つけた時／いじめ？と思うようなからかいがあった時／発達障害の疑いがあることを伝える時／生活面で問題のある子が推薦希望を出した時　ほか全52項目

明治図書　携帯・スマートフォンからは 明治図書ONLINEへ　書籍の検索、注文ができます。▶▶▶

http://www.meijitosho.co.jp　＊併記4桁の図書番号（英数字）でHP、携帯での検索・注文が簡単に行えます。

〒114-0023　東京都北区滝野川7-46-1　ご注文窓口　TEL 03-5907-6668　FAX 050-3156-2790

アドラー心理学で自律した子どもを育てる！

勇気づけの教室をつくる！
アドラー心理学入門

佐藤 丈 著

子どもをほめて育てる。素晴らしいことのように思いますが、ほめられるから正しい行いをする…そんな子どもを育てている危険性も実はあります。本書では、ほめるのではなく勇気づけることをベースにした学級経営について、現場教師が実例に基づいて解説します！

- ●A5判
- ●144 頁
- ●本体 1,900 円+税
- ●図書番号 2298

本音と本音の交流が学級を変えるのだ！

スペシャリスト直伝！
小学校 エンカウンターで学級づくりの極意

水上 和夫 著

構成的グループエンカウンターを適切に取り入れれば、学級は温かくなり、子どもたちの自己肯定感もどんどん育っていく。エンカウンターをベースにした学級づくり・授業づくりを進めてきたスペシャリストが、数多くのエクササイズとともに、今、その極意を大公開！

- ●A5判
- ●144 頁
- ●本体 1,860 円+税
- ●図書番号 1358

明治図書 携帯・スマートフォンからは **明治図書ONLINE へ** 書籍の検索、注文ができます。▶▶▶

http://www.meijitosho.co.jp ＊併記4桁の図書番号（英数字）でHP、携帯での検索・注文が簡単に行えます。

〒114-0023 東京都北区滝野川7-46-1 ご注文窓口 TEL 03-5907-6668 FAX 050-3156-2790